湛庐CHEERS

与最聪明的人共同进化

HERE COMES EVERYBODY

全面体验管理

Total eXperience Management

TXM

黄峰 黄胜山 苏志国 著

中国财经出版传媒集团
中国财政经济出版社

以人为本，以体验管理决胜未来

布鲁斯·特姆金（Bruce Temkin）
Qualtrics 体验管理学院首席院长
全球最具影响力的十大用户体验专家之一

当前商业环境瞬息万变，信息传播空前加速，话语权也逐步从企业机构转移到个人身上。与此同时，新技术重新定义了现有商业模式，并缩短了产品生命周期。为了在这个变幻莫测的环境中竞得一席之地，企业亟须全面更新组织管理能力，使其能够快速提供人们真正希望在消费中所获得的东西——体验。我们将企业对其所创造的体验的管理及提升等称为“体验管理”。

每过 10 年，商业世界里竞争优势的基石就会发生更迭。在经历了 20 世纪 90 年代的生产工艺改造、21 世纪初的网络信息技术进步及基础设施逐步完善，以及 21 世纪前 10 年的数字化转型后，近 10 年商业的发展正由“用户体验”这一关键能力所推动。虽然大多数高管都在谈论

“人、流程和技术”，但在过去的几十年里，人的要素一直被严重忽视。当今世界，社会、经济、政治和卫生各个方面的动荡此起彼伏，企业的兴衰，取决于其能否满足所服务的关键人群的不断变化的需求。

适应变化是体验管理的亮点所在。适应变化能帮助企业开发三项关键能力，使其：

1. 持续关注核心利益相关者的想法和感受；
2. 在合适的时机，以合适的方式，将关键市场洞察传递给关键的用户群体；
3. 快速适应随处可见又与日俱增的信息。是否具备这种不断学习、传播市场洞察和快速适变的闭环能力，将决定未来 10 年谁是赢家、谁是输家。

体验管理不仅是企业应该提上议程的事项，也不仅关乎企业做出几个正确的、互相孤立的决策。要在体验管理方面取得成功，企业需要培养体系化的组织习惯，并将体验管理融入日常业务决策和流程中，这是其成功的基础。有效使用体验管理能惠及全公司，市场营销部门可以为目标受众提供最有价值的信息，产品部门能开发出真正实用的产品功能，IT 部门可通过数据研判其技术项目的成功率，人力资源部门可招募、聘用和留住最优秀的人才。

归根结底，体验管理解决了资源的优化问题，让企业通过了解用户真正的需求和欲望，做出正确的投资决定。这就是为什么体验管理对中国市场来说如此重要。在宏观层面，中国经济增长势头强劲且迅速，中国企业在不同领域进行了大量投资。在对的时间为对的行业选择合适的投资，这将带来什么价值？在微观层面，中国企业需要参与到当今的商业竞争当中，如果企业越来越善于根据不断变化的用户需求定制相应的产品、服务和信息，在预测需求变化的基础上合理投资，适时供应产品，这又将带来什么价值？

环顾当今世界各地企业的经营情况，很多企业的大部分工作都是力争最大限度地减少经营失误带来的风险。大工业生产时代开始于几十年前，那时数据难以获取，“人”这一要素只是被机械地“输入”生产系统中；而当今，诸如自然语言处理（NLP）、预测分析和自动化工作流程等技术已付诸实践，企业对用户行为背后的驱动因素也有了更深层次的了解。这些技术和洞察的结合，帮助现代企业更好地预测用户的需求，并利用这些信息提供大规模个性化的用户体验。

在未来，商业环境会更加难以预料，对于所有想要取得成功的企业而言，体验管理并不仅仅是技能层面的重要因素，而且是取得成功所不可或缺的重要基础。本书为体验管理在中国的发展揭开了序幕。

灯火前行，照亮中国体验管理的未来

张济徽

智慧芽创始人兼 CEO

在 2021 年结识总是穿着印有“体验思维”字样的黑色 T 恤的黄峰之前，我对“体验思维”和“全面体验管理”这两个名词几乎是感到陌生的。尽管如此，在“平行时空”的软件即服务（SaaS）领域，我却一直践行着提升用户体验的工作。

与黄峰合作的过程令人非常激动。首先，我认为软件即服务领域的产品驱动增长（PLG）模式迫切需要应用体验思维和全面体验管理，以获得进一步的发展，其次，黄峰和团队在软件即服务上的探索更让我确信，在中国能将软件即服务与全面体验管理融合在一起的团队，非他们莫属。也就是从那时候开始，一本红色签名版的《体验思维》成为我探索全新领域的指引。

在将近半年多的项目合作中，我看到一个不断跨界的黄峰，他一面兼顾传统咨询领域的生意，同时又探索着关于软件即服务的新项目。一天晚上，他冷不丁地从微信上传给我一份全新的书稿，我内心非常感慨，不知道在多少个日夜，他将泉涌的思路记录于纸上，想必只有真的热爱至深，他才能如此执着。每一个真正在向前奔跑的人，都势必付出了十二分的努力。

在我看来，《全面体验管理 TXM》是黄峰的第三面。他借助这本书揭示了在全面数字化时代如何将体验思维升级、迭代、落地。他在给所有人准备了落地工具的同时，也带领唐硕集团实现了从主营咨询业务到主营“咨询 + 软件即服务”业务的转型。书中对全面体验管理在持续经营、衡量与落地层面的阐述，既有理论高度，更有很强的实操性。黄峰和他的团队不仅是用户体验管理的思考者，同时也是将理论践行不辍的行业推动者。

我虽然不是品牌和运营方面的专家，但从商业本质上来看，我对重视用户体验、用户战略思维的观念深表认同。在软件即服务行业发展的十多年时间里，我们始终深刻地认识到，软件即服务本质上是长期的用户体验管理，用户价值随着时间推移会被无限扩展，也因此，软件即服务的价值才能在商业世界中越来越被充分认同。投资人看中软件即服务行业的续签率或复购率等，从全面体验管理的视角出发，完全可以有机提升这一指标。当然，在数字化的框架之下，获得用户并以此驱动增长是对所有行业都非常重要的问题，全面体验管理的价值也呼之欲出。

我相信大部分企业跟智慧芽一样，都有一套数字化营销的工具，并且将数字化营销工具熟练运用于获客的场景中。但我们现在面临的问题是，当用户数量新增到一定阶段时，获客速度必然放缓，而用户生命周期中的全面体验管理（或者说是运营管理）就成为一个重要的课题。在数字化时代，新兴的企业可能更加幸运一些，你们可以直接用体验思维和全面体验管理来获得你的用户，运营你的用户，让用户驱动企业增长。

“不少企业认识到了体验的重要性，但低估了体验的科学性。”对黄峰的这个观点我深表认同。作为一家以数据说话的公司，只有将这些战略管理方法论落到实处，落到数据中，我们才能看清数据的力量，才会将数字化的体验和公司战略更好地结合起来，才能用数字化指导公司业务的发展。

从体验思维到数字化管理工具，《全面体验管理TXM》带来了知识维度上的迭代，这正是我最期待的内容，这本书也是所有读者都能加以应用的工具书。在这本书里，你不仅能获得一种思维方式，一套方法论，还能获得一套可量化执行的工具。

感谢黄峰每一个奋笔疾书的凌晨时光，为中国企业的全面体验管理点亮一盏明灯。

前 言

全面体验管理，创造持续且有机的增长

当增长陷入瓶颈时，请将关注点回归用户本身。当品牌越过了高速增长期时，业务会逐渐趋于稳定，原有的增长方式往往难以为继。新品牌的崛起告诉我们，企业一味地通过营销去推动用户买单的窗口期已经过去，现在应该逐渐从品牌–用户型交易（Business-to-Customer，B2C）向用户–品牌型交易（Customer-to-Business，C2B）过渡。

立身于体验时代浪潮中，品牌与用户的关系不再局限于交易型互动。品牌更关注用户视角下的真实体验，从“影响用户”转向“迎合用户”，找到与用户递进关系的机会，实现平等话语权下的价值共创，以用户体验为基点创造第二增长曲线。

从全面质量管理到全面体验管理

过去的 40 年里，短期营销主义受到广大品牌的追逐，各种围绕产品功能、人群流量的“套路”应运而生。在流量红利时代，各大品牌只顾“狂奔”，却没有深入理解流量背后的用户，一味地关注流量，舍本逐末。当流量进入红海阶段后，各大品牌才幡然醒悟，流量是用户创造的，实际上用户才是一切增长的基础。步入体验经济时代，无论在品类层面、功能层面还是平台层面，市场供应都已接近饱和状态，盈满则亏。在新商业势力角逐的下半场，只有真正理解用户的新变化、创造新价值的品牌，才能长盛不衰。随着我国数字化基础建设的逐步完成，以用户为中心的精细化运营时代真正到来了。

如今，营销战已经变为品牌战，想要在未来获得持续的商业成功，打造用户品牌是企业的必然选择。实践数据表明：当用户感受到其他竞争品牌提供了更好的体验时，76% 的用户不介意改变消费品牌或购物习惯。这说明品牌需要比竞争对手更快速地洞察用户的体验需求，并快速创新迭代。当传统的流量增长模式进入瓶颈期后，全面体验管理（Total eXperiences Management，TXM）① 是让品牌持续实现体验创新，从而打破周期效应，创造二次增长的全新管理理念。

---

① “Total eXperience”已于 2019 年由国家知识产权局批准注册为商标，本书统一使用“eXperience”代表“体验”一词的英文解释。——编者注

全面体验管理可帮助企业了解用户在享受产品和服务时，产品和服务有哪些问题和不足，并预测用户未来的需求和变化，实时地感知用户情绪，及时地捕捉用户变化，整体性地优化体验，敏锐地发现创新的商业机会。相比工业经济时代驱动企业高质量发展的“全面质量管理”(Total Quality Management，TQM)，全面体验管理是体验经济时代企业保持业绩增长的不二法门。

对品牌来说，建立完整的用户体验管理体系是一个长期项目。品牌需要挖掘用户体验的全面维度，将对用户的单点体验管理升级为全面体验管理，推动以用户为中心的组织变革，从而优化用户在品牌端的整体体验，推动用户与品牌的真实关系变得更为紧密，打造全周期、全触点、全旅程的用户体验管理平台，创造持续且有机的业绩增长。

数字化与 DTC，全面体验管理的土壤

数字新基建的日趋成熟为体验经济的发展做好了准备，细分人群的个性化需求被破冰释放。用户对于各类生活服务体验的需求变得更为明确，全面体验管理快速成长的基础土壤条件已经具备，接下来就是用户品牌的腾飞风口。在未来的商业环境中，新增长将诞生于两个维度：数字化与 DTC（Direct to Customer，直接面向消费者）商业模式。

数字经济迈向全面扩展期

据国务院发布的《"十四五"数字经济发展规划》，到2025年，数字经济迈向全面扩展期，数字经济核心产业增加值占GDP的比重达到10%。数字经济正在加速深化供给侧结构性改革。产业链条的终端是需求侧，而之后每一级的供给侧都将是上一级链条的需求侧。这意味着，全面数字化可以更精准、更高效地连接用户（需求侧）与品牌（供给侧），体验的数字化进程已经进入加速期。此外，全球贸易的发展看似引发了国内品牌的"内卷"，但实际上促进了中国新国潮品牌的崛起。因此，当前是品牌构筑自身壁垒的优势期。品牌是用户对产品、服务、环境等方面体验的聚合，而不只具备单一的功能属性，同时承载着用户所寄托的情感价值。品牌的全要素、全产业链、全价值链连接着用户诉求，映射着全场景、全渠道、全旅程的全面体验管理空间。

私域生态造就 DTC 用户品牌

不同于国外开放的数据生态，国内的互联网用户数据被各大平台分裂割据。我们说的公域流量其实就是各大平台的"私域"，这就导致品牌数据在各大平台间形成孤岛。复杂的生态环境加剧了品牌的数据焦虑，数据不完整、不好用甚至不可用等问题相继出现，品牌亟须采取措施去跨平台采集、整合及分析数据，全面体验管理迫在眉捷。

国内有着创造超级私域生态的机会。2020年，各大品牌的小程序均实现了突破性增长，与其电商平台、线下门店流量联动，形成品牌自有的流量生态。据中国互联网络信息中心（CNNIC）第48次《中国互联网络发展状况统计报告》和腾讯2021年第2季度财务报表数据，截至2021年6月底，中国网民规模达10.11亿人，其中手机网民占99.6%，同期微信月活跃用户数达12.51亿人次。构建基于微信生态的私域用户池，是DTC品牌实现稳健增长的重要手段。品牌可以通过建立品牌社群、会员制、订阅制等互动方式，对自身的私域流量进行精细化经营。不少DTC品牌的线下门店正在从销售导向转为用户体验导向，其运营目标从短期增长调整为长期的、可持续的增长，不断强化全链条的用户体验管理。

用户参与到品牌共建中来

商业环境中最明显的变化是“人”。在国力增强和共同富裕的大背景下，中产阶级家庭逐渐成为社会的主力。相比追求性价比的蓝领阶层，中产阶级除了注重商品功能，还注重服务的附加值。因此，品牌的体验运营是激活中产阶级消费力的催化剂。同时，生活方式的迭代点燃了用户对于体验价值的狂热追求。“国潮”崛起的背后是民族自信的建立，当主流消费人群从“60后”“70后”，渐渐转变为“80后”“90后”，乃至“00后”以后，年轻人鲜活热烈的生活方式将成为社会主流，他们都渴望价值共鸣，向往自由的生活方式。在面对喜欢的品牌时，用户不需要冷漠的买卖关系，而需要与品牌对话，渴望参与到品牌共建中来。

DTC品牌从向用户提供统一规格的产品转变为依据用户需求提供定

制化产品，这需要品牌具备对用户真实画像的感知力。品牌对于数据的采集也不再局限于交易数据，而要抓住更多与用户互动的触点，捕捉更多维度的用户体验数据，获取感知用户体验的能力。这也是 DTC 品牌能够快速增长、快速获得用户认可的主要原因。DTC 品牌通过不断地丰富用户画像来感知用户需求，通过运营数据（O 数据）和体验数据（X 数据）双向驱动来完成业务决策，并反哺用户。

在《体验思维》[①] 中我们曾提到过用户关系模型，明确了用户在不同的关系阶段有不同的体验需求，而在这里，我们不仅要实现用户关系的阶段性递进，更要推演影响用户关系的体验因子，了解每段关系中的用户感知。从陌生人到熟人，需要产生共鸣，达成共同的价值主张和价值观；从熟人到朋友，需要建立共生关系，相互支持和依赖；从朋友成为家人，需要构筑共创关系，让用户成为品牌成长的一部分，彼此成就。小到星巴克与用户共创的咖啡渣吸管，大到蔚来在 2019 年年底现金紧张时，车友会自筹 40 万元租展位搭澳门车展的展台，这些都是用户与品牌实现共建的实例。从共鸣，到共生，再到共创，品牌与用户的关系日趋良好，用户就是品牌的护城河。

① 《体验思维》为本书第一作者黄峰的首部合著著作，揭示了其基于 17 年行业研究总结的帮助企业系统性提升体验的战略框架。本书已由湛庐于 2020 年策划出版。——编者注

全面体验管理，驱动品牌精细化增长

产品驱动的野蛮式增长

品牌的第一轮增长多源于自身的独特优势，得益于产品品类的稀缺性，彼时品牌所追求的是“人无我有”，通过独家产品掌握核心竞争力，获取用户流量，放大品牌独特的产品优势，实现快速增长。但产品驱动所带来的增长必然会面临技术周期的考验。随着技术进程的推进，产品便失去了研发壁垒的优势，品牌便会面临“市场黑洞”，出现增长的失速甚至停滞的情况。

营销驱动的阶段性增长

营销主义为品牌带来了第二轮快速增长。一旦产品技术通过了市场的初步验证，抢占用户心智、争夺市场流量就成为品牌的首要目标。品牌会通过加强营销力度和渠道曝光的方式获取用户关注，在市场漏斗中大肆“跑马圈地”；通过大规模的外部投放实现获客，用流量拉动品牌增长。但是营销驱动的增长缺少可持续性，很快，流量红利会随着用户体量的稳定而逐渐失效。越来越多的品牌意识到现在的用户不再为品牌单方面的宣传买单了。品牌流量的“大盘子”也面临只出不进的窘迫境地。营销主义，不灵了。

体验驱动的精细化增长

当外部投放出现瓶颈，营销驱动的阶段化增长开始放缓，品牌正式进入存量运营的阶段时，盘活私域流量就成为品牌的首要目标。与此同时，用户对产品和服务的期望值也提高了。

当品牌从“产品提供者”转变为“服务和体验的提供者”时，体验驱动的精细化增长时代正式到来。存量用户精细化运营的核心是关系的可持续。随着信息媒介日益碎片化、多元化，用户与品牌建立联系、形成心智认知的路径和触点也越来越分散。此时品牌面临从流量思维到用户思维的转化挑战，不能依赖单点突破，而是要基于对用户体验的洞察打一套组合拳，为用户提供跨平台、跨空间的一致体验。

而为保证用户体验的一致性，品牌需要全面掌握多平台、多触点的用户体验数据，洞察用户的完整旅程，衡量用户真实体验与品牌理想体验的偏差，以用户为中心持续协同优化。对品牌来说，用户体验数据的价值并不仅仅在于帮助品牌了解用户现状，更重要的是以用户体验数据为基础的品牌策略调整与用户未来行动预测。知道用户喜不喜欢你很重要，而了解用户为什么喜欢你，预测用户会不会在未来持续喜欢你更重要。我们将整合用户体验数据及持续性跟踪体验运营的全面体验管理平台，称为体验运营平台（eXperience Operating Platform）。

全面体验管理的目标是为用户创造价值，而对用户来说，品牌体验就是品牌价值的载体。通过全面体验管理，品牌可以快速定位用户体验问题，找出不良体验出现的原因，明确品牌体验的优化策略，而不是基于运营数据或行为数据进行盲目猜测。

当然，全面体验管理并不仅局限在业务端，品牌应创立一套“以用户为中心”的企业管理体系，贯穿企业的前、中、后端，整体赋能品牌的稳健业绩增长。具体来讲，品牌应于前端面向用户创造价值，中端围绕用户协同运营，后端以组织直连用户体验，通过组织架构赋能全面体验管理，向上承接企业体验战略的落地，向下通过体验运营数据赋能人与组织，构筑起体验驱动的增长壁垒。

继《体验思维》之后，我和我的团队总在思考，如何帮助读者朋友们践行体验思维，实现独特的体验增长曲线。经过反复的方法论提炼、验证、再萃取的过程，我们总结出了行之有效的全面体验管理方法，并整理成文。本书由我和我的两个合伙人黄胜山、苏志国共同完成，希望能帮助面前的你，在增长之路上事半功倍。

与君共勉！

你是否了解全面体验管理

扫码鉴别正版图书
获取您的专属福利

扫码获取全部测试题及答案，
看一看你是否了解
全面体验管理

- 所有行业都需要全面体验管理吗？（　　）

  A. 是

  B. 不是

- 全面体验管理给企业带来的核心价值之一是获得忠实用户，得到可持续增长，对吗？（　　）

  A. 对

  B. 不对

- 全面体验管理具有可持续、可衡量、可落位三特性，对吗？（　　）

  A. 对

  B. 不对

扫描左侧二维码查看本书更多测试题

目录

第一部分

层层进阶，深度认识全面体验管理

Total
eXperience
Management

第 1 章

我们需要全面体验管理

Total eXperience Management

品牌失速，传统打法遭遇四大困境

如果你是品牌操盘手或是企业管理层，
一定对增长乏力的困境深有感触，
流量越来越贵，获客成本飙升，
竞争愈加激烈，品牌沦为消费者的“备胎”。
失速时代，什么才是稳健增长的核心？

此时，品牌应回归商业本质，回归用户，
探索跨越周期的增长路径。

困境 1，流量越来越贵，获客更难了

巨变时代，我们正在面临增长越来越难以为继的困境。曾几何时，不管是传统企业还是新型的互联网企业都把增长寄托于线上的流量红

利，但互联网的红利时代已经结束，营销成本高企；曾几何时，各大平台催生了一批又一批的“爆款”和网红产品；而很快，大量的互联网品牌就如过眼云烟，退出人们的视野。各大平台的获客成本持续升高，平台流量成就新锐品牌的可能性越来越小，如图 1-1 至图 1-4 所示。广告投入的成本居高不下，但成效有限。依赖流量，通过购买渠道流量、投钱换声势的营销方式，已经变成饮鸩止渴。

困境 2，消费者越来越挑剔，转化更难了

肉眼可见，消费者的习惯和偏好发生了剧变。从传统商品经济时代步入体验经济时代，消费者从追求“买得到”“买得实惠”，转变为追求“买得惊喜”“买得满足”，他们想要在消费中获得价值感、幸福感，以及内心与精神的满足。企业如果不能跟随消费者升级的步伐，满足他们日益变化的品牌需求，便会很快失去原有的用户，也难以赢得新一代消费者的青睐。越来越让人眼花缭乱的社群、直播等营销方法，让消费者经受饱和攻击，他们忙不迭地屏蔽了天天带货的关键意见消费者（KOC），隐藏了叫卖式卖货的社群，转化效率越来越低。

困境 3，消费者的选择越来越多，复购更难了

从消费普及到消费升级，再到消费分级，消费领域已由前一阶段的

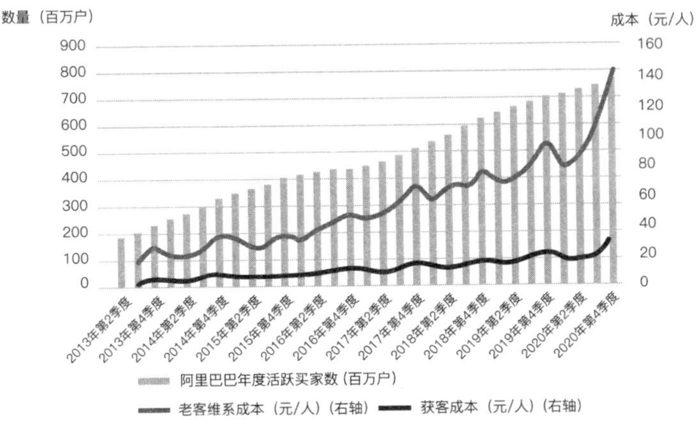

图 1-1　阿里巴巴获客成本分析

资料来源：阿里巴巴公告、中信建投。

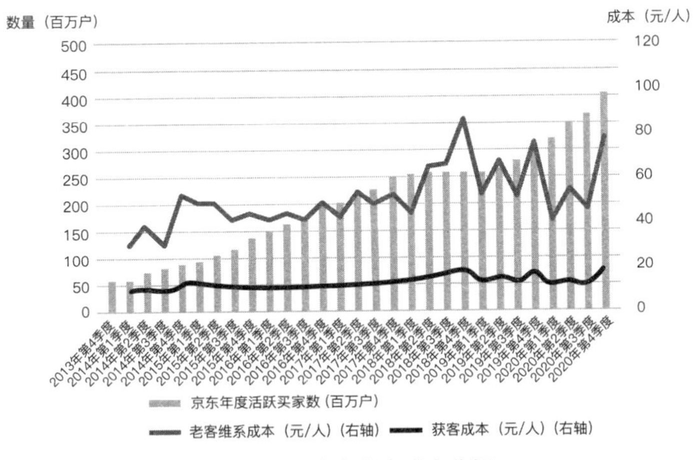

图 1-2　京东获客成本分析

资料来源：京东公告、中信建投。

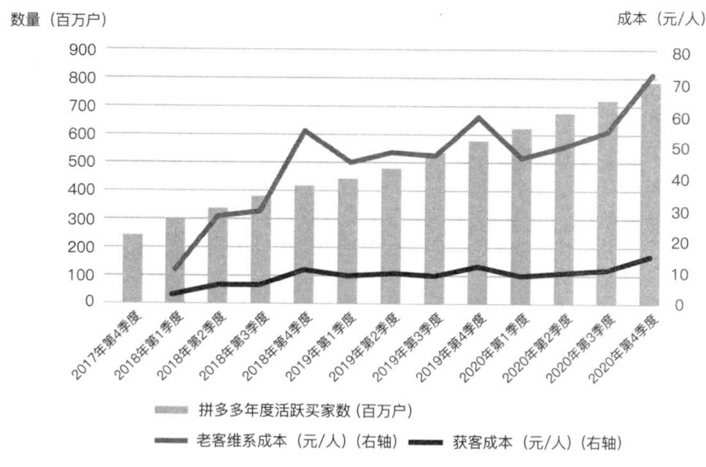

图 1-3　拼多多获客成本分析

资料来源：拼多多公告、中信建投。

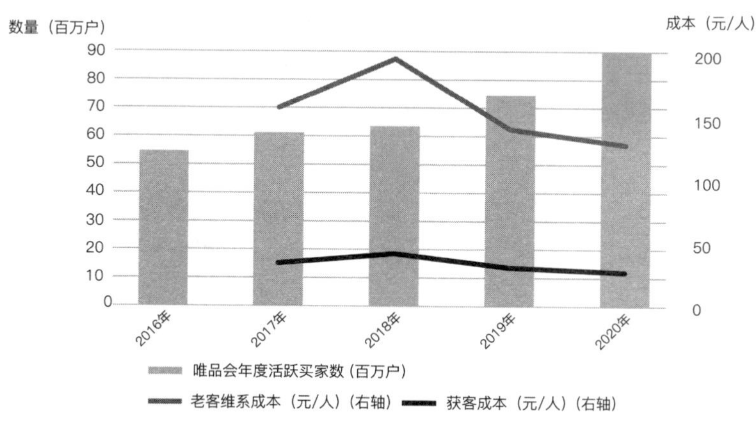

图 1-4　唯品会获客成本分析

资料来源：唯品会公告、中信建投。

蓝海竞争转为红海竞争，且竞争越来越激烈，消费者的选择也越来越多。越来越丰富的电商货架，很难使消费者对单一品牌形成长期的忠诚度；虽然内容电商、直播电商的声势浩大，但是单次转化也难以形成长期复购；虽然几乎所有的品牌都开始瞄准年轻人进行新的设计，但是年轻人的注意力最容易转移。

企业正在面临这样的事实：所有品牌都沦为“备胎”。消费者们可能不说一声“再见”就离开你了；你以为对你的服务感到满意的消费者，其实已经“用脚站队”，走向了“另一种选择”，没有进行过第二次购买。

困境 4，竞争越来越激烈，品牌溢价更难了

随着社会整体生产力的提升、互联网的高速发展，“爆款”难以获得真正的品牌溢价。直播带货带火了“全网最低”标签，致使商品单价越来越低，这种低价竞争的逻辑与品牌溢价背道而驰。强大的弹性供应链，让“爆品仿制”变得越来越容易，不断缩短“爆款”的时间窗口期。企业被价格牵着鼻子走，陷入价格战，不仅利润越来越薄，而且在不断消耗品牌资产。

从商业问题的角度来看，品牌增长的困境其实对应着四个具体问题：获客成本高、转化效率低、品牌资产积累弱、品牌溢价难。获客与转化变难，品牌沦为流量产物，难以在长周期中持续积累品牌资产，从

而进入低价竞争的恶性循环。

增长停滞，不进则退，四大困境之下品牌增长面临“失速”的风险。增长的动力因为内外部因素、竞争环境变化而减弱，品牌地位面临急剧下降的危机，就像飞机失速一般。失速并不意味着引擎停止了工作，或降低了前进的速度。但是，如果品牌不能及时发现问题并进行应对，可能会有“坠毁”的风险。

流量打法、单点突破不奏效了，那么长期增长的动力从何而来？在分析具体问题之前，我们需要看到品牌增长背后的本质原因。

重新认识增长，品牌增长模式发生三大变迁

流量打法失效了，速成走向速朽，
饱和攻击、占领心智，
对于新环境下的人群，效果却适得其反。
造就品牌的不是广告，而是口碑。
触动人心的不是口号，而是体验。

增长失速背后，实际上是宏观经济周期变化促使商业发展模式发生转变，从而导致品牌增长模式的变迁。站在周期的视角之下，我们需要

回答以下问题：

- 为什么品牌增长会面临四大困境?
- 驱动品牌增长的动力主要是什么?
- 这些因素如何在经济周期变化当中发生演变?
- 经济新常态的当下，如何找到稳健增长的新地图?

国内市场经济在过去40多年间迅猛发展，经历了发达国家于百年间经历的工业化、城市化、信息化的过程。改革开放前40年，很多赛道都是蓝海竞争。品牌将关注点放在产品好、性价比高、渠道覆盖广的赛道，或策划促销式营销活动，追求单点打爆，从而快速拉动增长。曾经的品牌打造讲究“渠道为王”“产品为王”，但最近几年，我们看到一些焕新的老品牌或者新品牌，都在通过维护与核心用户人群的关系来保持高速增长。那么，这些品牌增长的根本原因是什么呢?

通过品牌增长CPU模型，我们可以清晰地梳理这些原因，即品牌的增长主要有三个维度：渠道（Channel）、产品（Product）、用户（User）。当然，每一个品牌都具备这三个维度的能力，但是往往侧重点不同，核心竞争力也不同。同时，随着宏观环境的变化和行业、品牌的发展，三种增长模式逐渐发生变迁。从“渠道为王”到“产品为王”，现在有更多的品牌转向“用户为王”。“用户为王”意味着品牌在用户端的资源投入比重相比渠道和产品大幅度增加，如图1-5所示。下面我们分别举例看看这三种增长模式的特征。

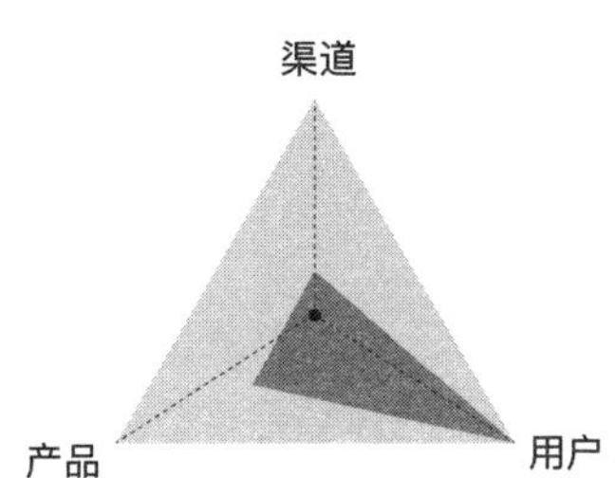

图 1-5　品牌增长 CPU（渠道、产品、用户）模型

渠道驱动增长

第一种增长模式即渠道驱动增长：渠道是品牌的核心竞争力之一，品牌要依托渠道获取流量。典型的例子有曾经占领央视黄金时间段的“背背佳”“脑白金”，曾经铺满区域性货架的“健力宝”“北冰洋”，以及依靠线上渠道取得辉煌成绩的“南极电商”“猫人”。渠道和流量不拘泥于线上或线下。只要能够获得新的消费者，品牌就能够迅速增长。所以，这一类品牌的增长被称为“渠道驱动的增长”。

渠道驱动的增长在中国尤为普遍。中国人口基数这么大，品牌只要有新的渠道去触达并获取消费者，就极有可能做成生意。渠道经历了演变的过程，在 20 世纪八九十年代是百货、商超、大卖场等零售渠道，后来电商、社交电商、内容电商出现，到如今直播电商当道。此外，渠道还包括不同媒介，从借由推文内容种草到短视频推广，从公域的微博到私域的微信……一波又一波新品牌借助渠道红利获得高速增长。

很多新消费品牌按照这个打法起势，通过融资、“烧钱”来获取流量。但如果品牌不能认识到渠道打法的局限性，将会出现巨大问题。比如，完美日记在一开始就依赖互联网渠道，转化私域流量，但持续遭遇产品价格更低、设计更年轻化的竞争对手。虽在创立短短 4 年时间后就上市，但完美日记尚未建立起足够的品牌壁垒。

究其根本，无论对电商还是零售商来说，渠道逻辑背后的本质就是“流量”。渠道可以为品牌所用，但品牌不能依赖渠道。原因有二：其一，渠道会持续发生变化，过于依赖某些渠道，品牌就会忽视产品研发和用户经营能力的提升，缺乏长期发展的壁垒；其二，当下渠道趋于分散化、触点粉尘化，并且很多流量越来越贵，一味延续渠道打法，品牌就容易遇到我们前文提及的四大问题。渠道驱动的品牌要么“被平替”，要么“永远是平替”，难以获得用户真正的认同，也难以形成品牌力。

产品驱动增长

第二种增长模式即产品驱动增长：产品也是品牌的核心竞争力之一，品牌通常是通过技术突破来创新产品，从而形成品牌力的。产品驱动增长模式应该说是非常难实现的，在技术上要形成一定的壁垒并占领先机，其实也需要天时、地利、人和。比如，通信技术从 2G 到 3G、4G 甚至 5G，国产手机的小米、华为等就抓住了这个契机。但要注意，性价比并不能算是品牌力。以小米为例，虽然一开始小米依靠性价比上的优势实现了异军突起，但后期还是要在技术创新和维系高端用户上发力，才能形成品牌力。

产品驱动增长模式也在一些有独家秘方的品牌，如中国的一些传统老字号身上有所体现，比如，中药品牌代表同仁堂、云南白药，以及食品品牌代表老干妈等。

产品驱动增长模式面临的考验主要在于技术的周期性。产品一定会进入技术稳定期，企业如果没有研发壁垒则很容易增长停滞甚至失速。比如，手机行业在 iPhone 发明之后迅猛发展，涌现出很多的新品牌。但现在手机行业的整个技术迭代周期进入了新的稳定期。要在产品上做出真正的差异化，能让用户形成心智认知，已经变得很困难。

我们也发现从 2021 年到现在，很多手机厂商除了在摄像头、屏幕和运行速度上面去做一些改变，都很难有突破性创新。以往手机品牌的营销点是屏幕更大、更薄或是曲面屏，但现在已经不再讲这些，因为技术进入了一定的稳定期，变革不再那么大。因此，近两三年，很多手机品牌，如 OPPO、华为、vivo 等，纷纷提出要做零售体验和服务的升级。除了手机行业，家电行业也有同样的现象。

而产品驱动增长，也需要在技术投资上拥有前瞻性眼光，比如中国手机在芯片上就过于依赖全球供应链，所以华为在遭受“卡脖子”时面临巨大的挑战。但是，华为在 5G 上的布局做得非常早且全面，所以一定程度上对冲了芯片的风险。

用户驱动增长

第三种增长模式即用户驱动增长：用户同样是品牌的核心竞争力之一，它强调“以人为本”。比如，蔚来从创建之初就确立了以用户为本的初衷。在产品、服务、社交、运营，甚至是企业发展的层面，蔚来都将用户视为增长的动力之源。

回到用户的角度，实际上就是回归了增长的本质。正如“现代管理学之父”彼得·德鲁克所说：“企业的本质就是创造客户。”而创造客户可以拆解为四个要素：更多的人、更深度的认同、更长期的关系以及更高额的购买。我们将在下文对这四个要素进行展开陈述。

回到用户的角度，我们能够对于增长形成更本质的认知，回答本书提出的核心问题：如何穿越周期，实现稳健增长？虽然各大平台的流量越来越贵，品牌获得新客的成本越来越高，但是老客维系成本却相对稳定。可见，以用户带动口碑，走向长期关系运营，才是穿越周期的增长之道。

用户驱动之下，品牌同样有不同的路径和打法。比如，“定位”派从心智入手，用饱和攻击的方式抢夺用户心智，反复重复某一定位口号或广告宣言，以期给用户留下印象、促成转化。而与之不同的则是苹果、蔚来这样的品牌，用品牌的体验和感知吸引用户，发展了一群对其产品极为痴迷的粉丝用户，然后逐渐扩散。由此可见，对于如何抓住用户，如何获客与留存、拉新与促活，从而获得更多的人、更深度的认同、更长期的关系以及更高额的购买，不同的品牌和企业选择了不同的路径，形成了不同的打法，也在国内外近年的快速发展中不断演进。我们将在下文对两种不同的用户路径进行比较和分析。

增长动力换档，体验触发第二增长曲线

渠道、产品、用户驱动的增长，
随着宏观商业和行业环境的变化而变化。
当一个品牌在生命周期中，
面临增长停滞或者失速时，
转换增长模式会获得新的生命力。

渠道驱动的品牌面临增长停滞时，坚决转向用户驱动的增长模式会获得新的生命力。以往通过渠道，品牌其实是看不清楚用户面孔，听不见用户声音的，只能依赖于渠道的触达进行销售转化；只有转为用户驱

动的增长模式，品牌才能够更好地看清自己的用户到底是谁，用户所渴望的、所诉说的价值需求到底是什么，然后随之进行调整和升级，从而持续地创造新价值。

比如，安踏作为国内一家运动服饰品牌，一开始以占领三四线城市的经销商渠道为打法，在三四线城市获得了可观的市场份额。随着三四线市场逐渐饱和，加上中国的消费者完成了消费升级，面对用户的新需求，安踏开始进行新的战略转型。近年来，安踏在整体战略上提出朝DTC 商业模式转型，在这个过程中开始去收购、并购和布局相关的高端品牌。这是安踏为转型为用户品牌而做的努力，目标是满足中国消费者在更多运动场景下的一些更高的消费需求。同时，安踏收回了很多城市的经销商门店，转为自营并加强服务管理，直接面对自己的消费者。

以产品驱动的增长模式也有可能转向以用户需求带动产品技术创新的模式。以用户的前瞻性需求为核心，围绕用户体验去整合技术、进行创新，事实上已成为更加具有长期价值的打法。最典型的代表就是苹果。无论是在前瞻理念上，还是在细分技术上，苹果都不是第一个提出或落实用户理念的企业，却是将用户理念实现得最好的企业。苹果用一以贯之的、统一而流畅的用户体验，将技术与服务做了最佳的整合。可见，在流量红利见顶、消费者需求剧变、传统营销打法失效、技术周期进入平台期的当下，围绕用户去带动创新、挖掘增量，成为跨越周期、稳健增长的必然选择。

用户驱动的增长模式可以分为两种不同路径：流量导向和体验导向。流量导向的用户驱动增长路径，即以流量带动用户增长。流量导向的用户驱动增长路径的本质是“以消费者为中心的精细化运营”。而体验导向的用户驱动增长路径，则是以长期为用户创造更好的体验为目标，将体验作为有机增长的关键环节。那么，下文将简单介绍一些模型和案例，从中我们可以看出品牌是如何应用这些模型的，以及这些模型的优势和不足（见图 1-6）。

流量导向的用户驱动增长路径

在从互联网到移动互联网的流量红利之下，我们能够发现近几年国内比较兴盛的用户驱动增长，大多数企业都是以流量为导向，针对用户进行链路化运营，始于获客，终于交易。比如，增长黑客、私域运营等打法的核心都是流量漏斗，其本质就是获取流量、层层漏斗、转化流量。

增长黑客与私域运营

“增长黑客”这一概念源于国外互联网创业圈，其核心是围绕用户生命周期的 AARRR 模型，即从大众流量一层层往下转化，最终达成交易，分为五个阶段：获客（Acquisition）、激活（Activation）、留存（Retention）、变现（Revenue）、传播（Refer），就如同一个流量漏斗（见图 1-7）。

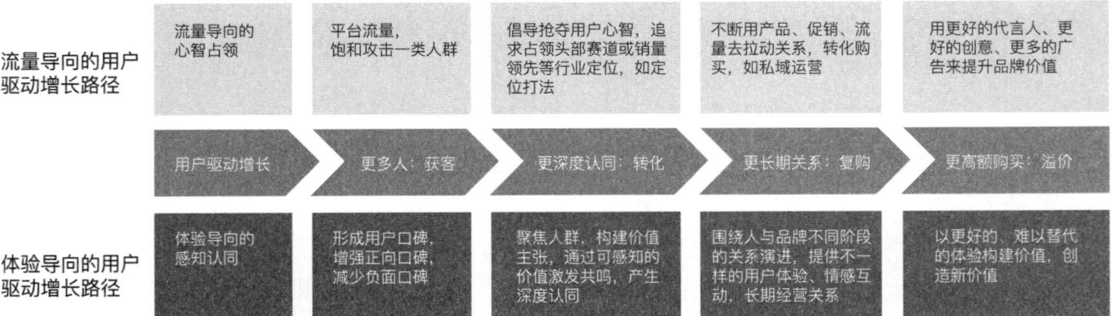

图 1-6 流量导向和体验导向的用户驱动增长路径对比

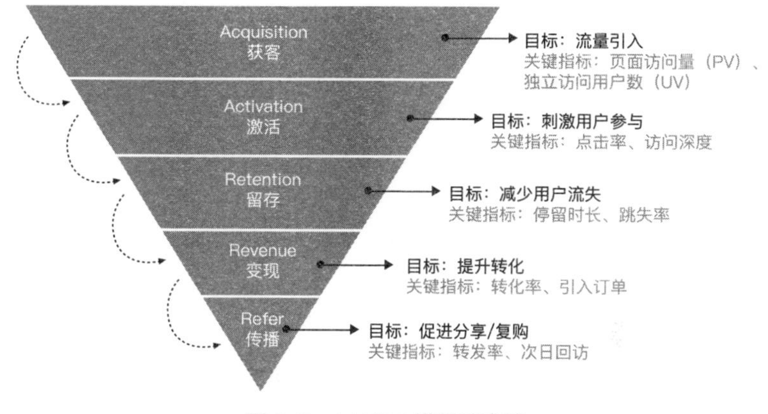

图 1-7　AARRR 模型示意图

前两年在国内非常流行的私域运营等打法，其整体过程正对应着获客、激活、留存、变现到传播的 AARRR 模型路径（见图 1-8）。以彩妆黑马——完美日记为例，2017 年以来，该品牌经历了 AARRR 模型由盛转衰的全周期。但是，完美日记在经历了快速增长期，获得了大量融资并实现高速发展、飞速上市之后，却进入了增长减缓期。2020 年完美日记招股说明书显示，在 2020 年 11 月上市的完美日记母公司——广州逸仙电子商务有限公司，仅仅一年股价缩水 90%，并且还在持续亏损。国货美妆“爆款”复制越来越容易，时间窗口越来越短。据中金研究所数据，2020 年完美日记的销量增速从 2019 年的高于 50% 下滑至不足 22%，而同期欧莱雅、资生堂在与头部主播合作之后销量增速超过 60%。

虽然完美日记上市后进行了品牌收购，依托原有的私域运营打法进

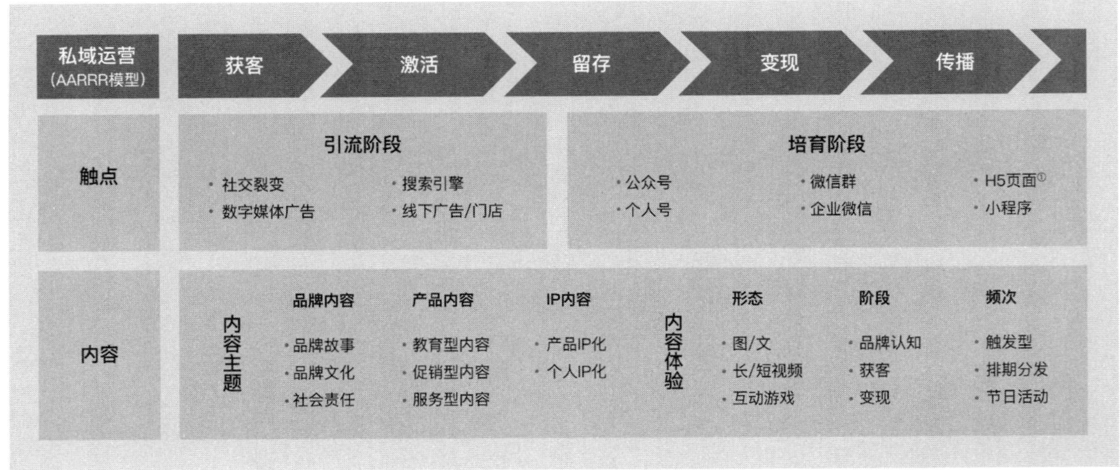

图 1-8 AARRR 模型在私域运营中的应用

① H5 指 HTML5，是构建以及呈现互联网内容的一种语言方式，被认为是互联网的核心技术之一。通俗地讲，H5 是一个网页，就像一个很大的容器，里面可以放文本、图片、音视频等基本的流媒体格式的文件。——编者注

行扩张，且研发投入有所增加，但是自身的营销费用占比仍然令人咋舌。其母公司财务报告显示，完美日记 2021 年第一季度的营销费用为 10.4 亿元，占总营业收入的比例高达 72.1%，同比 2020 年第一季度的 5.57 亿元营销费用增长 86.7%。然而，如此高额的营销投入并未使完美日记获得新一轮快速增长。

由此可见，完美日记赖以生存的打法已经势微。没有产品做后盾，也没有用户黏性做护城河，过度消耗了品牌力的完美日记，在同质化品牌的围剿之下，亟须寻找第二增长曲线。

与完美日记相似，在近两年的新消费浪潮之中，很多新品牌依托传统的增长黑客模型起势，却难以持续增长，因为这种模式虽然将“以消费者为中心的精细化运营”作为口号，却没有形成良性的用户关系，在一遍又一遍的促销购买中，降低了品牌溢价，消耗了用户与品牌的关系。究其原因，增长黑客模型将增长的动力都放在流量之上，而不是回到真实的用户，回到人们的情感诉求和价值感之上，这最终使品牌增长走向了消耗用户的不可持续之路。

体验导向的用户驱动增长路径

以前，互联网的普及程度不够，信息不够透明，因此消费者主要通过广告和流量平台来了解品牌。现在，随着移动互联网的普及，信息越来越透明，消费者越来越难被引导，越来越依赖于体验、口碑去选择品牌和产品。

无论是增长黑客还是私域打法，都忽视了一个问题：用户是如何感知品牌的？是通过持续不断的广告营销和传统的促销打折，还是通过可感知的体验，从接触品牌、产生互动到建立与品牌的关系，形成品牌体验的总和？亚马逊创始人杰夫·贝佐斯对这个问题给出了自己的回答，他将用户体验纳入亚马逊增长飞轮中，意味着“体验逻辑”进入了品牌增长模型之中（见图 1-9）。

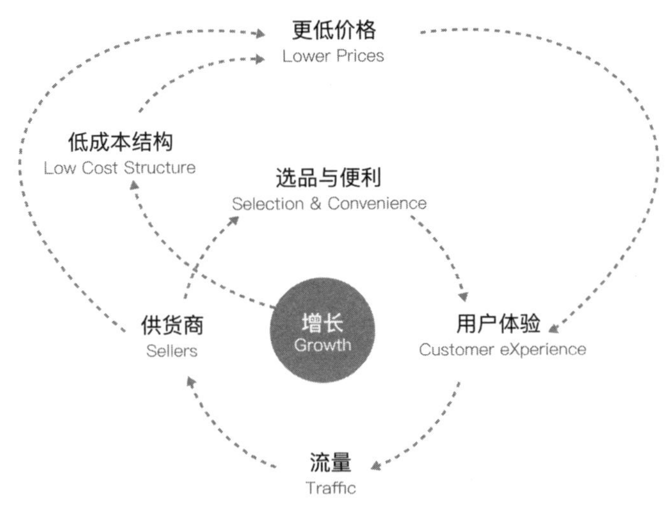

图 1-9　亚马逊增长飞轮图

资料来源：亚马逊公开资料。

秉承“成为全球最以用户为中心的企业”使命的亚马逊，飞轮效应深深根植于其运营理论中。亚马逊以用户体验为出发点，当用户体验提升时，流量就会在口碑的带动下自然增加，从而吸引更多卖家入驻，为消费者带来日益丰富的选择，再促进用户体验进一步提升，从而形成良性循环。随着飞轮循环往复，电商平台的高固定成本被摊薄，亚马逊实现高速扩张。我们在亚马逊增长飞轮模型的基础上再往前走一步，围绕更多人、更深度认同、更长期关系和更高额购买，将体验逻辑融入其中，形成从体验到口碑再到用户的增长闭环（见图 1-10）。

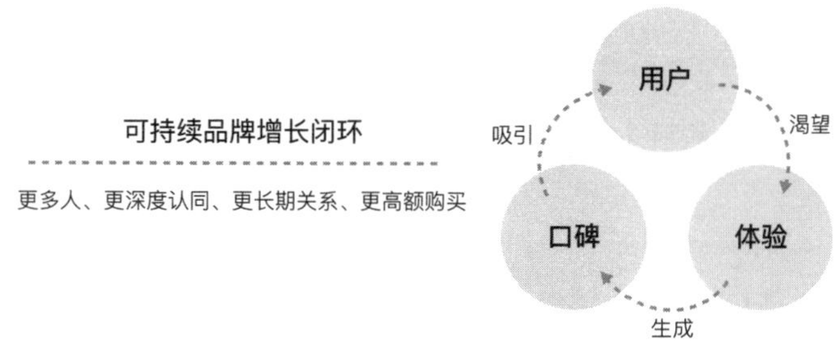

图 1-10　可持续品牌增长闭环图

当我们进一步梳理底层逻辑，回到万变之根本——人，提升对于体验的重视度，对整体闭环架构进行升级时，就可以将品牌增长动力归纳为：将高涨的流量成本，替换成分裂式增长的人群基数；将发展空间缩小的交易环节，转为深入的心智认同；将重复低效的流量动作，转为长期高黏性关系；将价格战下的低利润空间，转为体验赋能，实现更高额购买（见图 1-11）。

成本高	更多人
流量总体有限 单价日益趋高	定位并理解核心人群 提升净推荐值（NPS）
积累弱	**更深度认同**
过度聚焦交易 品牌资产难以增长	定位并打造整体品牌体验 提升品牌价值感知
效率低	**更长期关系**
数据外流动作重复 无法与消费者形成持续关系	规化并运营数字化会员体系 提升满意度、忠诚度
溢价难	**更高额购买**
套路愈发失效 消费者更关注体验价格比	规化并落地产品与服务创新 提升钱包份额与溢价

图 1-11 传统营销战略与体验驱动品牌战略的对比

在体验的视角之下，我们就能发现传统营销打法的局限性，对于前文提及的四大挑战也有了新的应对思路。

更多人：在获客上，品牌应从买流量转为聚合口碑，只有这样自然流量才能源源而来。如果要破解营销成本趋高难题，品牌需要从根源上挖掘可持续增长方式。过去的营销方式所依赖的流量是消耗性资源，虽然短期见效，但成本投入不可间断，也无法为品牌价值积淀添砖加瓦，甚至可能透支品牌力。

品牌效应不能从广告和营销生发而来，而是依赖消费者口碑的聚合。品牌应以口碑带动核心人群裂变式集聚，以影响人群基数带动追随人群增长，通过净推荐值的提升带来自然流量的转变，从而大幅降低营销成本投入，实现可持续的良性增长。在此基础上，利用更深度认同引发人们对体验的分享行为，利用更长期关系使这种分享持续存在。

更深度认同：在转化上，品牌应从心智占领转为创造用户价值。同质化日益严重的当下，品牌已经难以从技术本身入手挖掘出更多价值，可创造的价值往往存在于产品之外。当企业不再聚焦于交易本身，而转向为用户创造核心价值，兼顾用户在功能、情感、精神三大层面的实际需求时，销售量将自然而然得以提升。产生单纯的消费不是品牌的目的，也非消费者的目的。良好的品牌体验，不仅使品牌满意度提升，生发更长期关系，而且自发的口碑分享将为品牌输送更多用户。

更长期关系：在复购上，品牌应从单向营销转为关系共建。营销思维不断升级，品牌对用户旅程的认知已经从单向线性发展阶段发展到多维度闭环发展阶段。企业须打破卖货思维的桎梏，将重心转向对用户关系的经营。几乎从不做传统广告的露露乐蒙（lululemon），关注先锋人群与种子人群的生活方式，以产品、服务、空间、沟通为依托，与用户建立长期有效的联系，产生价值共鸣，乃至共同成长。随着露露乐蒙品牌的发展，其影响人群与追随人群不断扩充，用户结构的完善、良性关系的共建，为品牌注入了更长久的生命力。

更高额购买：品牌溢价方面，品牌应从低价竞争转为体验增值。只要更多人、更深度认同、更长期关系三元素具备，企业就可以针对不同用户，定制其所需要的产品和服务，在一个更长期的关系中，在恰如其分的场景里推出，必然会占据更多的市场份额。当用户获得很好的体验时，自然愿意为体验买单，甚至复购包含体验溢价的产品和服务。

以体验为导向的用户驱动增长路径，既体现了增长模式的与时俱进，又体现了商业进入体验经济时代之后对人的尊重和更深度理解。如此，企业才有可能对竞争对手实现降维打击。流量导向与体验导向，事实上并非“势不两立”，品牌应在不同阶段对其各有侧重。同时，数字化的深度发展也在催生新的机遇，国内很多头部企业已经抓住了数字化机遇，更深度地围绕用户体验进行变革。国际头部咨询公司和第三方检测机构的数据表明，用户满意度正在带来更好的品牌口碑和投资回报，甚至可以带来更快乐的员工体验。波士顿咨询公司（BCG）于 2020 年发布的一份研究报告[①]表明，过去10年，用户满意度最高的公司所创造的股东价值大约是标准普尔 500 指数（S&P 500）平均投资回报的两倍。图 1-12 为用户满意度与投资回报关系图。2018 年，Forrester 发布了两份关于用户至上的研究报告。第一份研究报告[②]表明，重视用户体验并

① 该研究报告为《CEO 需要做用户体验革新，而非只是进化》(*CEOs Need a Customer Experience Revolution, Not an Evolution*)。

② 该研究报告为《用户体验是如何影响股价表现的》(*How Customer Experience Impacts Company Stock Performance*)。

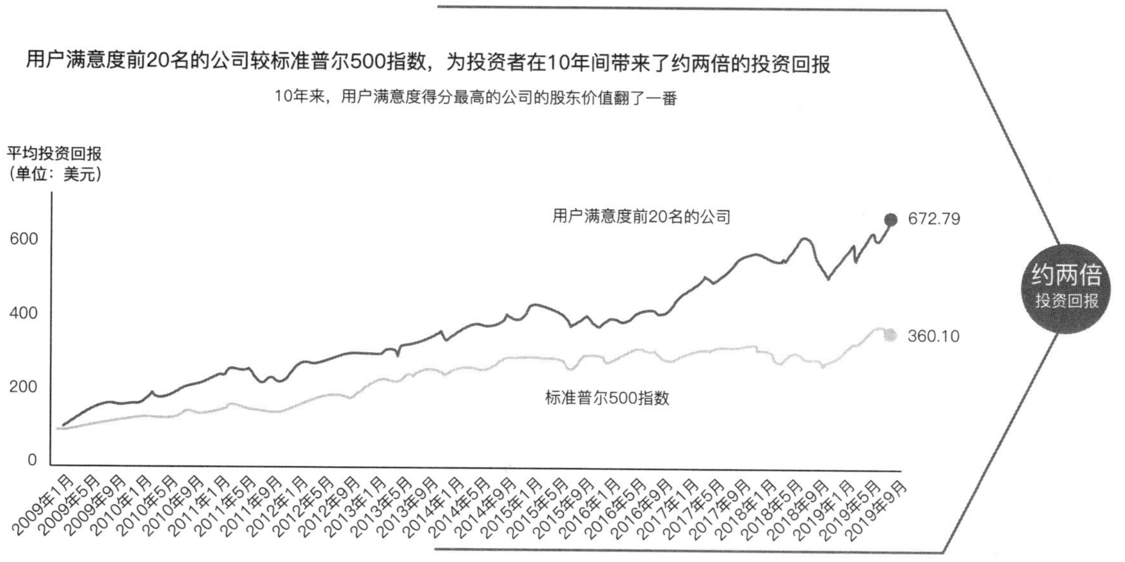

图 1-12　用户满意度与投资回报关系图

资料来源：波士顿价值科学中心 ACSI 基准测试。

以用户至上为原则的企业的股票价格增长得更高。第二份研究报告[①]（受 Adobe 委托）表明，以体验为导向的企业拥有更快乐的员工，其收入增长速度比非体验导向的企业高出 35% 以上。

视线回到国内，阿里巴巴在 2022 年 1 月 6 日进行了一次大型的组织架构调整，新设三大中心，将阿里巴巴电商最核心的淘宝和天猫两大业务在后台实现整体融合，这意味着新架构正式全面聚焦用户体验与用户价值。随着零售行业整体增速持续放缓，用户增长已经不是阿里巴巴最紧迫的任务了，守住已有的商家和用户、维系商家和用户的忠诚度才是阿里巴巴的目标。阿里巴巴的战略重心也从流量的逻辑，逐渐转向以体验驱动用户价值的逻辑。在这次组织变革当中，一个明显的变化就是“体验”一词被不断强化，消费者体验已经被拔高到了“大淘宝系”的战略价值层面，这是过去数年中少有的事。阿里巴巴全面聚焦用户体验和用户价值的具体措施如下：

- 第一，针对用户成立用户运营和发展中心，持续优化消费者体验链路，推出更多简单、好用的产品。
- 第二，针对商家成立产业运营及发展中心，为包括大、中、小商家在内的全域商家提供用户全生命周期的消费者运营和商品运营服务；在每个垂直行业下均建立用户体验评价团队，以用户满意度作为行业经营的水平标尺。

---

① 该研究报告为《投资于体验的商业影响力》（*The Business Impact of Investing in Experience*）。

- 第三，针对平台成立平台策略和运营中心，用多种智能化的手段建立全方位、数字化的商家运营产品体系，提高商家对中长期消费趋势的洞察和对消费反馈的快速反应能力。

除了零售领域，我们能看到地产、汽车等行业都出现了从流量逻辑转向体验逻辑的变化。比如，传统的汽车依赖于经销商和 4S 店进行销售，但是当新能源汽车的技术变革出现之后，消费者看重的是整体的服务、长期的售后，包括车友群的长期关系运营。这就催生了像蔚来这样的“用户企业”，其将用户体验作为最核心的增长出发点。这些头部企业的案例以及投资市场与第三方头部咨询公司的数据都在强有力地印证：真正把用户体验落到实处的企业和品牌，不断打破行业天花板，获得持续的发展。数据表明，全面体验管理正在成为新时代价值创造的必然选择。这些现象都在预示着拐点的逼近。那么，在增长动力换档的新阶段，如何更好地理解和管理用户体验，获得品牌的持续增长呢？

全面体验管理，打破用户体验的黑箱

为什么一家咖啡店的常客成了另一家咖啡店的会员？
是因为口味不好，还是服务太糟糕？
品牌对此充满疑惑，但束手无策。
这就是我们所说的用户体验黑箱。

如何验证体验，获取反馈并及时调整呢？

我们需要全面体验管理。

面对获客成本高、品牌资产积累弱、转化效率低、品牌溢价难这四大增长难题，在前文中我们提出了体验导向的用户驱动增长模式，即利用好的口碑吸引更多的人，利用可感知的共鸣增加更深度认同，利用持续互动实现更长期的关系，利用新的价值实现更高额的购买。但是，优化体验不是为了追求一锤子买卖，也不是一个一劳永逸的好点子，而是需要根据消费者实际体验的反馈，不断识别并创造真正有商业价值的关键体验。因此，品牌需要利用数字系统和管理体系对体验进行全面管理。

国内外对于系统性体验研究、规划和设计都有较长的历史，也积累了系统的方法论，其中最经典的代表就是体验思维。但是在实际的运营过程中，品牌始终面临一道鸿沟：无法确切知道消费者或用户是否喜欢这样的体验，体验有没有带来相应的商业价值。

体验管理面临鸿沟

规划的体验与真实的体验

品牌对体验的规划在很大程度上依赖于其经验层面的体验感知，而不是有数据作为支撑的体验反馈，同时，品牌也无法预知未来用户的动态变化。简单来说，用户的感知和企业希望达到的效果是不一致的。

构想的用户与实际的用户

在体验设计和规划上面，品牌有一套系统的方法论来研究用户。品牌通常会基于构想的用户来规划产品和服务，但是每个实际用户对于产品体验的要求千差万别且不断变化。因此，品牌面临一个问题：要在真实的用户身上去挖掘新的需求，不能完全依赖于人的经验，否则就可能会产生偏差。如果前瞻设计是在构想的用户基础上产生的，没有考虑未来实际场景中的用户，鸿沟便会产生。

以数字化手段跨越鸿沟

以前，因为没有数字化的手段，无论企业或者品牌多么重视用户的体验，这种鸿沟始终会存在。对于数字化渗透更弱的赛道，如零售行业等更是如此。品牌很难知道用户对于体验的感知是好的还是不好的，除非是发生了一些极端的情况，比如用户在一家餐厅吃饭时有了非常不好的体验，于是向大堂经理和品牌投诉。或许他还将此事闹到了各大社交媒体平台并引起广泛关注，这时品牌才能够真正接收到该体验的负面反馈。如果有了数字化的手段，品牌不仅能够实时地让用户得到情绪的疏解，而且能够快速地改进产品或服务，不断提升用户体验。

以前没有数字化的手段，用户的体验就像一个黑箱。而当有了数字化的手段之后，品牌就可以基于用户数据，了解用户是否享受到你之前设想的体验，了解用户使用产品或服务的情况，以及用户的反馈。如果用户经常使用某产品或服务，那说明用户从该产品或服务中得到的体验是比较好的，品牌在后期应该予以保留。如果发现用户其实并没有按照理想的方式使用某产品或服务，或者用户提出负面反馈，品牌就可以及时进行调整，以求长期运营。

前文已经提及，当市场竞争愈发激烈时，品牌其实已经变成消费者们的“备胎”，你的用户很有可能一声不响地就转向了新的选择，而他们可能永远也不会主动告诉你原因。就像你的前任和你分手一样，给了一个冠冕堂皇的理由：我们不适合。更可悲的是，你在未来的关系中，很有可能还会再犯同样的错误，却始终不知道原因。那么，全面体验管理是如何在数字化手段的加持之下，打破这种恶性循环、形成商业闭环的呢？

将体验管理与业务指标联通起来

虽然国内外有数不胜数的企业，将“用户体验至上”作为核心价值观，但是往往只将其停留在口号层面，没有在实际业务中实施，也难以将其真正变成每个员工奋斗的使命和目标。究其原因，是过往的用户体验没有与商业价值打通、形成闭环，也没有与业务目标融合，制定员工可以理解的衡量指标。企业面临的核心挑战是：不知道在体验上的投入是否能真正带来商业价值，无法形成业务衡量的闭环；体验散落在各个业务部门之间，无法从组织层面进行管理。那么，全面体验管理应该如何应对企业面临的挑战呢？

体验管理实现可量化，就能与业务相关联。企业想要在商业价值上看到量化结果，就需要将主观的体验转化为全面体验管理中的体验指标，还需要探索如何将体验指标与传统业务指标结合，并落实到业务部门和员工身上。这是一个难度很大，而且行业之间、企业之间差异非常大的问题。

一些头部企业已经走在了全面体验管理的前沿，如招商银行。在传统银行体系下，银行往往以存（贷）款量、资产管理量（AUM）作为业务指标，依托网点和员工进行业务转化。在移动终端成为新的流量入口之后，招商银行敏锐地意识到移动端可能为用户转化带来新的增量，于是将“移动优先”作为行级战略，对标互联网企业，将月活跃用户数量（MAU）作为其北极星指标。

2019 年，招商银行上线名为“风铃”的用户体验系统，对接行内 20 个系统，监测 923 个用户体验指标，实现对零售用户体验的实时监测和数字化呈现，初步构建零售用户的体验风向标和服务升级引擎，并逐步打通业务层资产管理量系统。在后面的章节中，我们还会对招商银行的案例进行详细的剖析。

全面体验管理以体验旅程为基础视角，打通各个业务部门，将原本分散的各个业务部门进行统一管理。各个业务部门间实现协同发展，才能将体验的变化与业绩的变化相关联。在 10 年前就重视全面体验管理的欧美市场，已经有不少的细分研究和商业数据了。比如，弗雷斯特研究公司（Forrester）于 2020 年 6 月发布的报告——《以旅程为中心：向领导者学习》（*Journey Centricity: Learn from the Leaders*）描述了“以用户旅程为中心，如何带来更高的收入、更低的成本和更好的用户体验”。同样，规模化的用户体验旅程转型带来的商业回报已经得到了数据支持。波士顿咨询公司的董事总经理兼高级合伙人巴拉特·波达尔（Bharat Poddar）曾说：“公司无法在传统的组织孤岛内解决用户需求。使用用户体验旅程计划，围绕用户需求重新调整组织的公司，其用户支持分数可以提高 20 到 40 分，成本降低 15% 到 25%，收入增加 10% 到 20%。”已经有更多的企业看到构建全面体验管理系统能够带来实实在在的商业价值，它们也开始利用用户数据形成商业闭环。

全面体验管理方法论可以从内外两个维度上打破用户体验的黑箱。从内部来讲，企业能从组织层面打通体验与业务的衡量指标，与业务部门相互关联，形成商业价值的闭环；从外部来讲，企业能及时跟进用户反馈，进行动态迭代，持续优化用户体验旅程，创造更多的惊喜时刻，获得更好的用户口碑。

全面体验管理箴言

- 应对增长停滞问题，品牌须从高速增长向高质量增长换挡，回归用户视角，通过长期经营关系、与用户共创品牌来驱动可持续增长。

- 品牌通常会基于构想的用户来规划产品和服务，但每个实际用户对于产品体验的要求千差万别且不断变化。全面体验管理是品牌打破用户体验黑箱的必然选择。

- 品牌对内要将体验化为可量化的指标与业务相结合，对外要及时跟进用户反馈，持续优化用户体验旅程，获得更好的用户口碑。

第 2 章

什么是全面体验管理

Total eXperience Management

可经营、可衡量、可落位，全面体验管理三特性

全面体验管理具备可经营、可衡量、可落位三特性，
以持续洞察、全面衡量、精准落位为目标，
还原用户的真实认知，
捕捉品牌的勃发时机，
持续动态演进，
最终让品牌穿越周期、实现增长。

“现代管理学之父”彼得·德鲁克曾说过：“如果你不能衡量它，你就无法管理它。”长久以来，人们常常泛泛而谈“品牌体验”，但缺乏衡量它的工具。感知是主观的，数据是客观的。随着数字化的发展，技术使得体验具有了可衡量的可能性，而这也会促进组织形态的转型升级。

学术界和商业界都意识到，要实现真正的以用户为中心，需要打通组织内部各个业务部门，进行体验衡量和体验管理。那么，什么是全面

体验管理呢？**全面体验管理是以可量化的体验指标来追踪用户的整体体验，并持续优化体验的数字系统和管理体系。**

基于这个定义，我们展开分析全面体验管理具有的三大特性。

可经营，根据用户反馈，持续动态迭代

全面体验管理可经营的特性，要求品牌将单次交易转化为长期关系运营。企业需要化被动为主动，持续经营与用户之间的关系，才能为用户创造惊喜体验，实现服务流程的持续优化。

从被动到主动，及时回应用户反馈

依照被动的传统商业模式，品牌在完成某一个体验设计之后，需要等待用户反馈，在接收到用户强烈的意见表达之后，再考虑改进体验设计。以前的商业创新大多以这样的方式产生，但该方式对用户的反馈回应不及时，难以跟上用户的需求变化。

首先，企业需要主动聆听用户的声音，才能及时回应用户反馈，减少用户负面情绪并化解危机。在瞬息万变的商业环境中，品牌如果数月没有改变，可能就会产生一系列问题。以我们每个人都会接触到的餐饮服务为例，传统餐饮企业与用户之间的接触点比较简单，可能仅限于口

感和服务水准。但随着用户需求的不断变化、数字化手段的日益普及，许多餐饮企业正在遭遇服务危机。2020 年，一家百年餐饮老店因一条差评短视频登上热搜，原因是一位网友对该店的就餐服务不满意，表示“又贵又难吃”。随后，该餐饮店回应：该网友侵犯了品牌名誉权，餐饮店决定将其告上法庭。这直接导致该视频的播放量从不足 1 万次飙升至 1340 多万次，造成这家餐饮店的负面评论迅速扩散。可见，诸多传统餐饮品牌仍处于被动处理与用户关系的阶段。如果企业继续被动等待用户体验反馈，那么公域的负面评论将造成品牌名誉难以挽回。

其次，企业要持续进行动态迭代，不断提升服务水准，挽回流失客户。事实上，餐饮品牌与用户之间的连接早已发生了转变。线上点餐系统逐渐得到推广，线上评论可以实时发布，品牌与用户之间新增了大量触点，这些都使企业能及时倾听用户的声音，根据用户反馈升级服务，实现持续动态迭代。比如，餐饮企业可以在用户点单、结账之后设置评论环节，直接获取用户对店员或者门店经营的真实反馈。如果能够积极化被动为主动，重视用户反馈的实效性、真实性与持续性，就能挽回可能流失的用户。

从流量到关系，持续优化用户体验旅程

将流量思维转为关系思维，对品牌长期提升用户黏性、提高市场份额具有关键作用。在交易之前，用户和品牌可能已经进行了多次接触。现在，品牌与用户之间的接触，是为了达成持续的关系，而非“一锤子

买卖”。品牌对用户关系的看待方式，直接影响其运营方式。企业唯有长期精细化运营，才能提升用户黏性，促进用户复购、增购。

长期运营这一趋势在一些服务链较长的行业尤为显著，航空、酒旅、银行等服务业，都需要连接从前台服务部门到后台数据支持部门的各个环节，形成一个完整的闭环。比如，在包括理财和资产管理的金融服务中，用户可能在支付宝或是银行 App 等平台对一个金融产品进行诸多考察，可能询问客户经理的意见，可能在各大理财平台上浏览资讯，甚至会学习专业理财知识。金融企业需要抓住用户真实的需求，才能促成购买转化，实现长期运营。

在金融服务中，进行大量的知识学习、长期接触、复杂信息输入流程后才能促成一次交易，但前期的积累并不会随着某一次交易完成而清零。资产管理具有长周期特性，某次交易很可能只是一个开端，将来会发展成用户对企业金融服务的长期信任。从用户进行资产规划到决定银行存款占比，整个理财投资决策过程都有大量的信息与服务作为支撑。

对于长链条的服务和交易，企业需要回归用户体验旅程本身，摸清各大业务板块与用户体验旅程环节的对应关系，才可能优化组织人员的行为。尤其是高价值用户，如银行的高净值客户，有着更高的产品要求和服务需求。服务优化需要体验指标数据的支撑，要求企业打通数据，协同前台、中台、后台的职责。有了可量化的体验指标，企业才能复盘其提供的产品和服务存在的问题，提前找到用户体验旅程中的冰点，有针对性地优化服务和产品，避免用户流失。

从解决问题到创造惊喜，提升用户黏性和品牌口碑

在传统视角下，对用户体验反馈进行响应的办法是解决问题，但如同前文提及的因差评上热搜的案例那样，企业解决问题的方式可能非但不能化解危机，还会加剧危机。随着竞争日趋激烈，对于掌握了选择权和话语权的用户来说，满足其更高层次的需求才是企业的最佳选择。企业要在发现体验关键点的同时，为用户创造新的惊喜，而非停留在解决问题这一层面。

率先落地了全面体验管理的招商银行就曾提到，“风铃”系统不仅能够发现用户反馈的问题，而且可以为用户创造惊喜的体验。比如，“风铃”系统能够及时了解用户对网点业务的满意度，并在第一时间回复用户留言，处理用户问题，变被动处理投诉意见为主动抽检满意度，并依据用户反馈为用户创造惊喜体验，也为银行产品带来突破性的提升。

“风铃”系统，正如这个名字所揭示的，虽然风过无痕，但用户的声音一定会被听到。全面体验管理系统成为招商银行与用户之间的沟通方式和情感纽带，能够帮助招商银行将优质用户转化为其业务指标，从关注月活跃用户数量到关注银行的资产管理量，从而带动各项业务的可持续增长。“风铃”系统给招商银行的员工带来了巨大的改变。正如招商银行现任行长田惠宇所说：“（招商银行）过去更多是发现问题、解决

问题，而现在是创造性地做一些惊喜体验给用户。”

可衡量，数据驱动业务增长

要实现全面体验管理，企业还要落实可衡量这一特性，即能够采集数据并对数据进行处理。企业依然要从用户视角考虑问题，回归用户体验旅程，从中挖掘可衡量的指标，然后将其对应到业务部门，再实施统一管理和调度。具体而言，企业首先需要收集用户体验旅程中全渠道、全触点的体验数据，通过不同的方式进行划分，最终形成各类指标；其次将各类指标整合到统一的平台上，通过数据清洗和处理，将其完整、及时地呈现到后台看板。

主观 + 客观指标，量化关键口碑

体验的量化指标有很多种，其中最常用的一个指标是用户的净推荐值（NPS）。净推荐值不仅是衡量用户满意度和忠诚度的指标，而且能反映企业良性利润的持续增长，与企业业绩正相关。净推荐值指标的设置意在持续改善用户体验，并追踪改善效果，是一种不断迭代的用户体验管理制度。净推荐值核心问题的一般结构是：您在多大程度上愿意向您的朋友或家人推荐某品牌（产品）？净推荐值通过收集用户对产品或品牌的推荐度而获得分数，然后将其划分为推荐者或批评者。推荐者会继续购买并且推荐给其他人来加速品牌成长，而批评者则可能破坏品牌

声誉，让品牌陷入负面口碑。前文已经提及体验驱动的用户驱动增长模式的真正逻辑，即需要高度重视用户口碑，收集用户主观层面感知的体验水平以及对于产品和品牌的推荐度，寻找需要持续改善的领域以及用户体验旅程的关键体验点，不断优化用户体验。简而言之，将主观和客观指标相结合、量化关键口碑具有以下两大作用：

- 在日常运营中，体验指标数据能帮助品牌锁定细微问题，指导品牌及时优化产品或服务。用户获得良好的体验后，自发推荐品牌的概率也就随之提升。这样，企业就能实现精细化运营。
- 在长期发展中，衡量用户体验感知对产品和服务的迭代具有参考性和前瞻性的价值，能够助力企业进行阶段性变革。用户真实的声音，能够为企业的里程碑式转型提供导向。

运营 + 体验数据，量化关键时刻

体验是一段旅程，是多维度感受的聚合，这给企业带来了巨大挑战。企业需要判断哪些环节的体验量化指标的影响最大，能够带来更高的商业价值。这样企业才能够把最核心的资源投入最关键的用户体验营销中。

企业需要利用某一用户体验旅程的完整链路或一段微旅程，收集用户行为数据，进行路径分析，衡量用户感知到的关键时刻的体验；在用户体验旅程中实现全流程埋点，实时追踪企业运营表现，衡量运营的效率与质量。各种服务都有相当长的用户体验旅程，对应着成百上千个非常细腻的、离子化的用户体验触点。但是，其中有一部分具有关键意义，对用户体验好坏的影响也会更大，这些触点就被称作“关键体验时刻”。全面体验管理系统能够对整个用户体验旅程进行埋点，并实施数据监测，实现对运营指标的实时追踪。企业可以通过提升基础设施水平与数据采集、整合、分析的能力，更好地挖掘、定位和经营这些关键体验时刻，同时，在营销端和用户口碑传播等关键点上面进行打磨，从而使用户体验达到最好的效果。

可落位，将“以用户为中心”落到实处

很多企业都提出“以用户为中心”，但只是停留在口号上，没有将其落到实处。可落位作为全面体验管理的一大特性，意味着要将“以用户为中心”的口号变为各业务部门人员共同参与的行动。

全面体验管理在一定程度上遵循“二八”原则，要求企业从体验视角识别关键口碑和关键指标，将核心资源投入关键体验中。目前，大部分企业可能对于用户以及体验形成了零散的认知，但是对于体验管理还没有形成系统的概念。全面体验管理能够驱动组织实现进化，这主要表现在用户端和企业端。

首先，全面体验管理帮助企业真正响应用户的需求。在服务形式上，

社会已经从传统的商品经济时代走向了体验经济时代，这就要求企业以用户的体验、用户的旅程为依据，来反思、迭代和构建组织管理形态，而不只是停留在口号上。广告营销是承诺，而落到实处才能算真正履约。

其次，全面体验管理能够让企业有效应对未来竞争。工业时代的竞争更多的是在既定的产业边界之内，也就是说，传统赛道之间不存在太大的交集。从工业时代走向数字化时代，我们看到了很多的跨界竞争、跨维竞争，既定的商业边界趋于模糊化。企业如果还继续依赖于与同赛道的竞争对手相互挤压商业空间、抢夺顾客来谋求发展，那么只能造成更为激烈的竞争，比如价格战，甚至恶性竞争。

全面体验管理主张组织在数字技术的赋能之下，与用户实现无缝连接，在互动和协作中发现和创造新价值，围绕用户体验，打通合作生态，快速协同创新，提升服务价值，降低成本，从而获得新的价值增量。

全面体验管理系统通过将多级体验指标对应到各业务部门人员身上，将体验管理融入企业长期运营之中。全面体验管理以系统化、数字化的方式整合内部组织流程，探索内外部的创新，将体验指标具体到每个业务部门人员身上并下放执行。我们可以从以下两个角度理解“落到实处”。

- 自上而下：拆分业务指标和体验指标，进行对应和联动。比如，对于贯穿用户体验旅程的产品、服务、门店等场景的体验表现，企业需要进行多级指标的拆解。

- 自下而上：收集运营数据与体验数据，结合不同部门的职能进行结果考核，落实到各责任部门，然后找出体验背后的原因，并将其与员工考核挂钩。

从多级指标拆分到数据采集，全面体验管理的运营能够形成闭环体系。本书将在下文详细分析如何落实全面体验管理。可经营、可衡量、可落位是全面体验管理的三大特性，三者其实是相辅相成的，可落位让可经营和可衡量与业务挂钩，与组织形成合力。

用户画像、关系模型、体验旅程，全面体验管理三抓手

想要实现可经营、可衡量、可落位，
我们需要一些工具和模型作为抓手，
去分析用户的类型、阶段、维度，
然后以数据化的手段进行全面体验管理。

回到用户的视角，我们可以看到用户体验的三大变化，这三大变化

也延伸出三大工具和模型：用户画像、关系模型和体验旅程。

- 其一，在当下的时间横截面上，不同类型用户的体验需求是不同的，他们的体验预期也会不同。
- 其二，在用户与品牌接触的不同场景中，用户体验的触点不同，体验后的满意度也不同。
- 其三，在用户与品牌交互的整个纵向发展过程中，用户与品牌的关系具有不同的阶段。

下面我们分别简单介绍这三大抓手。

用户画像，打造差异化的品牌体验

用户画像是每个品牌的基本盘，也是经常活跃在各大品牌创始人口中的热词，但是对用户画像究竟是如何形成的，又对品牌有什么样的正向作用等问题，很多品牌仍处于一知半解的阶段。

很多人理解的用户画像，类似于用户数据和信息的聚类档案。例如,眼镜店会记录用户的年龄、住址、电话、近视度数以及消费金额等，这样的数据能够帮助品牌大致判断自己的用户处在什么年龄区间，有什么样的消费力，从而判断出潜在用户、会员人群等关键用户画像，进行更好的广告投放营销或会员运营等。

体验经济时代，品牌对用户画像的需求也越发精确，从“究竟谁是我的用户”逐步转化为“我的用户是怎样一群人？他们喜欢什么？为什么喜欢”。常规的经营交易数据无法为品牌提供答案，随着数字化技术的发展，品牌的需求也越来越迫切，谁能最快掌握用户更多的信息，谁就能在与用户的互动中获得更多的主动权。我们所提出的用户画像（见图 2-1），不仅包含基础的人口学特征，而且强调用户价值观、生活方式、消费动机等的洞察与聚类。因为用户的差异不仅仅停留在性别、年龄等基础的人口学特征上面，还体现为不同的消费倾向、价值取向和追求的生活方式。只有从这些更深层次的维度理解了用户，企业才能提出更贴合用户价值的品牌价值主张，推出有针对性、差异化的产品及服务。

经过了营销时代快餐式的品牌输出，用户对品牌的需求也从单一的产品需求升级为价值需求。品牌的塑造者需要获得更多的用户信息，用户同样需要与企业沟通对话的渠道。体验经济时代下的用户已经从单向营销时代的被动接受者变成个性化营销时代中的主导者。话语权发生了从品牌到消费者的平移。在决策时，除了商品本身，用户更看重的是购买行为所带来的服务体验。

随着数字化时代的到来，用户画像打破了拘泥于交易数据的刻板印象，开始囊括更多维度的标签定义。海底捞对用户的标签可以细致到他 /

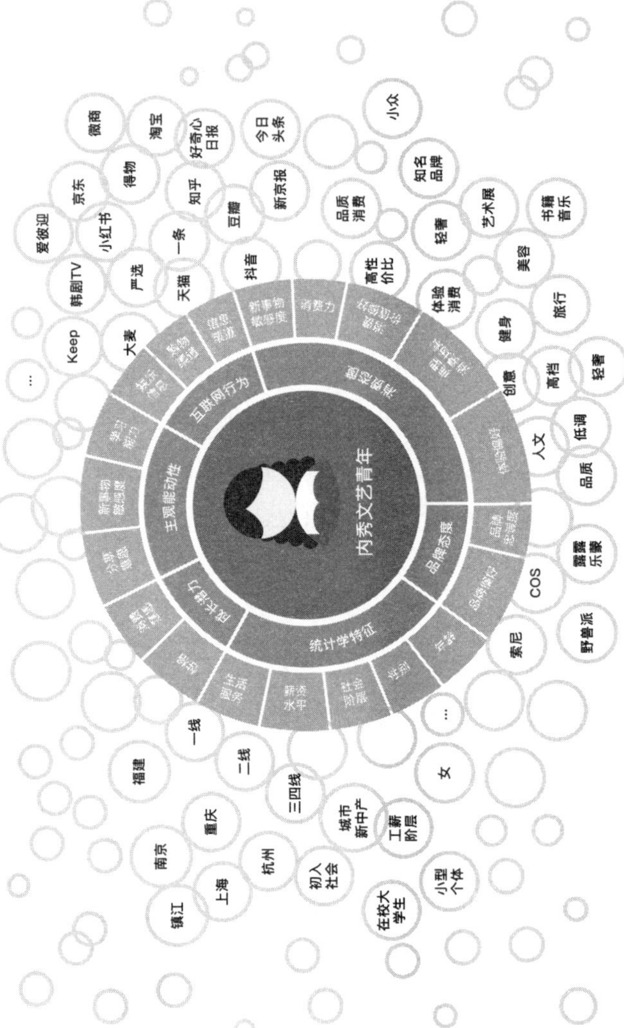

图 2-1 用户画像示意图

内秀文艺青年
互联网行为
主观能动性
成长潜力
统计学特征
品牌态度
爱彼迎
京东
微商
淘宝
好奇心日报
今日头条
小众
得物
小红书
韩剧TV
严选
一条
知乎
豆瓣
新京报
品质消费
知名品牌
...
Keep
大麦
天猫
抖音
高性价比
轻奢
艺术展
书籍音乐
美容
体验消费
健身
旅行
创意
高档
轻奢
人文
低调
品质
露露乐蒙
COS
索尼
野兽派
一线
二线
福建
三四线
重庆
城市新中产
工薪阶层
女
...
南京
杭州
初入社会
上海
镇江
小型个体
在校大学生

她喜欢吃油碟还是麻酱碟，喜欢热情周到的服务还是更享受私人空间。很多客人觉得海底捞的服务简直太到位了，这是因为海底捞对用户画像进行了精准的刻画。

面对 DTC 品牌数量的指数级增长，传统商业模式的生存空间被挤压，品牌的塑造者也迫切地想要了解用户的真实画像，从简单的产品提供角色转变成为用户需求定制产品的角色，对于数据的收集也不再局限于交易数据，而是想要与用户产生更多的互动，不断提高感知用户体验的能力。

对于品牌来说，理解真正购买品牌的人群、理解他们在购买行为背后的心理动机和需求趋势，才能够从真正意义上创造出用户价值，甚至能够与用户共创品牌。在数字化时代，用户画像打破了局限于交易数据的基本操作，有了更多数字手段去拓展动机、价值等，能够开拓更多维的标签定义。

关系模型，长线运营品牌和用户关系

在时间发展的纵向维度上，大多数人对于品牌和用户关系的理解基本都是从交易的角度出发：围绕售前、售中、售后去进行转化，如潜在用户、首购用户、复购用户、流失用户等。但是，品牌的优势很容易被其他交易性优势所替代。如果某品牌的下单流程更便捷、价格更便宜、会员权益更多，用户就转移到该品牌了。

如何能够超越这种视角呢？我们需要回到“人”本身。我们会发现用户在不同阶段，会有不一样的价值诉求：功能价值、情绪价值、情感价值、社会关系价值、自我实现价值等。从关系的视角出发，品牌就能实现与用户关系的逐步深入，与用户从陌生人、熟人阶段发展到友人、家人阶段，不断满足用户需求，实现共同发展。

从服务到产品细节，企业都需要基于品牌和用户的关系阶段来进行有针对性的设计。服务做得比较好的例子是蔚来，基于用户从熟人到朋友、家人的阶段，蔚来不仅在车辆维修保养、充换电体系建设、蔚来中心（NIO House）的铺设方面投入巨资和精力去运营，而且打造了各种社群活动，与用户在线上和线下亲密接触，变成了车友们的亲密朋友。蔚来的发展过程，正是逐步加深与核心用户群体关系的过程。蔚来与用户的关系也从陌生人，到熟人，再到友人，直至成为家人。实际上，小米、苹果也经历过类似的典型阶段。

品牌如果不能根据和用户所处的关系阶段来设计产品，也可能给用户带来非常差的体验。比如，某电动车品牌在上下班时间会为车主自动开启家和公司之间的导航。乍一看，这是一个多么智慧的功能，但是用户体验非常差！用户对于家和公司这条线的路况是非常熟悉的，因此并不需要导航，但是开启了自动导航后，用户只能手动取消，这就会让用户感到麻烦。

就像在亲密关系中人的需求会发生变化一样，品牌与用户的互动也会不断发生变化。品牌与用户关系的发展，要经历从交易视角到关系视角的转化，这样才能更好地实现价值的共鸣和共建。

体验旅程，以用户视角串联业务视角

在品牌与用户接触的横向维度上，传统的企业都以业务部门视角为出发点，如客服部门、营销部门、销售部门、售后部门等。但是从用户视角，体验就很可能产生断裂或者不一致的情况，一些品牌可能营销宣传做得很好，但是产品和客服服务完全跟不上，这就让用户感到失望甚至发起投诉。而即便有投诉的通道，这些品牌的解决方法仍然是“头痛医头、脚痛医脚”，不能真正解决问题。

事实上，小到购买一杯咖啡、银行开户，大到购置房产，不同的触点、不同的场景，会给用户带来不同的体验，这些体验从用户的视角来看实际上构成了一个完整的旅程。比如，当朋友问起某网红咖啡店“感觉怎么样”时，你可能会想起富有设计感的门店环境或者态度冷漠的店员，这些都是体验的一部分，你印象最深的可能是到店消费的高峰时刻与谷底时刻，而这背后是企业不同的部门提供不同的产品、服务或空间体验。因此，我们需要回到用户的视角，用体验旅程来重新审视和拉通业务部门，然后将其统一起来，找出关键体验，致力于创造峰值体验，规避冰点体验。全面体验管理以体验旅程（见图 2-2）为基础视角，借助数字

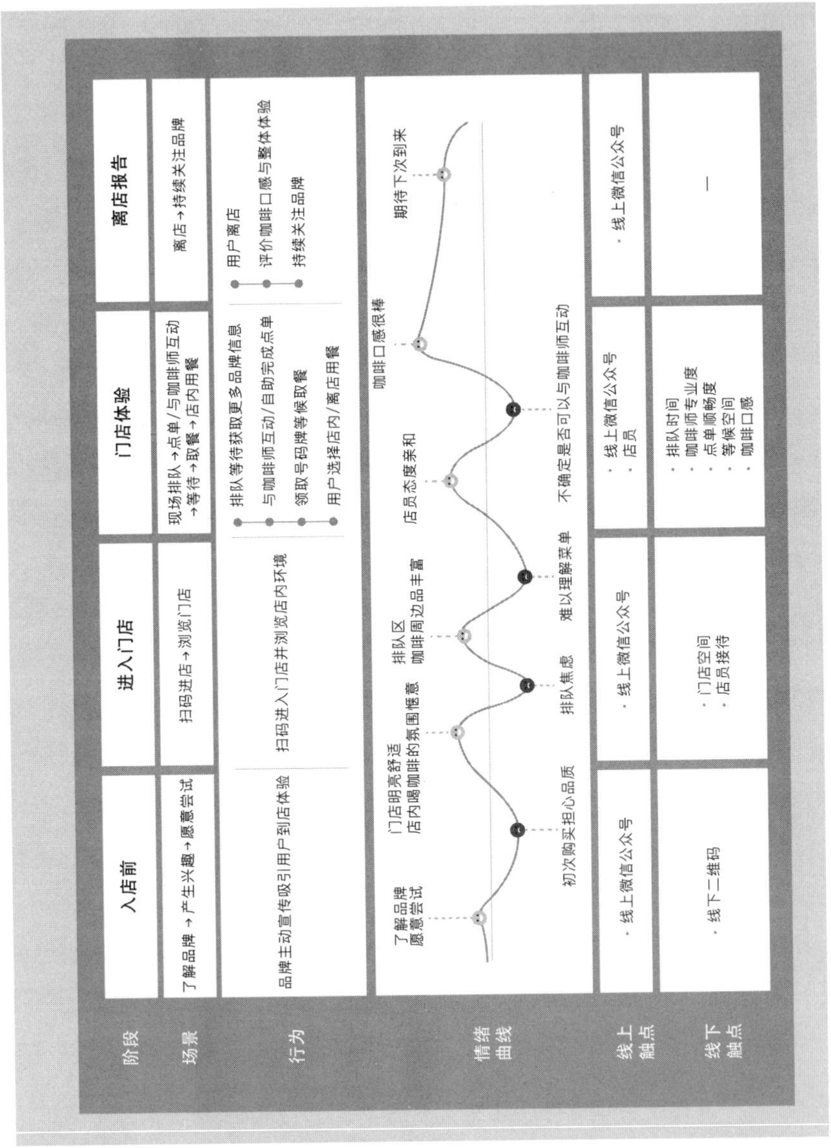

阶段	入店前	进入门店	门店体验	离店报告
场景	了解品牌→产生兴趣→愿意尝试	扫码进店→浏览门店	现场排队→点单/与咖啡师互动→等待→取餐→店内用餐	离店→持续关注品牌
行为	品牌主动宣传吸引用户到店体验	扫码进入门店并浏览店内环境	排队等待获取更多品牌信息 与咖啡师互动/自助完成点单 领取号码牌等候取餐 用户选择店内/离店用餐	用户离店 评价咖啡口感与整体体验 持续关注品牌
情绪曲线	了解品牌 愿意尝试 初次购买担心品质 门店明亮舒适 店内喝咖啡的氛围惬意	排队焦虑 排队区 咖啡周边品丰富 难以理解菜单	店员态度亲和 不确定是否可以与咖啡师互动 咖啡口感很棒	期待下次到来
线上触点	· 线上微信公众号	· 线上微信公众号	· 线上微信公众号 · 店员	· 线上微信公众号
线下触点	· 线下二维码	· 门店空间 · 店员接待	· 排队时间 · 咖啡师专业度 · 点单顺畅度 · 等候空间 · 咖啡口感	—

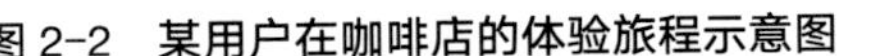

图 2-2 某用户在咖啡店的体验旅程示意图

化的手段，打通业务各个端口，将原本各自为战的各个部门，从用户体验角度协同起来。

三大抓手，迎接第四消费时代

在《第四消费时代》一书中，作者三浦展将消费分成了四个阶段，相较于日本消费社会中较为统一的价值认同，中国的消费者仍在追求个性化，寻求品牌的定制服务，愿意为体验感更好的服务买单，这也是 DTC 商业模式得以产生的时代背景的一部分，即品牌驱动的时代到来了。用户画像帮助品牌打造差异化的品牌体验；关系模型帮助品牌长线运营用户关系，打造真正有人情味、难以替代的品牌体验；体验旅程帮助品牌从用户视角梳理业务环节，确保品牌体验的连贯性和一致性。品牌回归用户，从横向和纵向全方位地把握用户，才能创造出更高的利润。

零售、金融、生活服务、汽车，全面体验管理的行业价值

全面体验管理的价值在于管理，
而边界在于全面。
并非所有品牌都需要一步到位的全面体验管理，

只有用户中低频消费、中高频使用、重视综合性体验的品牌，最适合全面体验管理。

品牌实现全面体验管理需同时满足三大条件。

首先，拥抱体验的商业价值是品牌打造全面体验管理平台的基础。搭建全面体验管理平台需要品牌具备体验思维，将对用户体验旅程的思考作为商业决策的一部分，尝试定向优化和设计。

其次，全面体验管理需依托数字化管理方式。品牌除了为用户提供产品和服务体验，还需要对用户的主观感知反馈进行管理，并以数字化的形式呈现出来。这样，品牌能够及时看到、了解、感知用户的真实反馈，从而逐步建立起与用户的连接，实现双向奔赴。

最后，全面体验管理强调“全面”，要求品牌将全量用户、全渠道、全旅程的体验数字化，并实时管理和追踪不良体验，构建能及时、灵活反映用户感知的体验数据模型。自动化、智能化的技术为体验优化、决策、预测提供了很大的帮助。

如果品牌并不具备以用户为中心的体验意识，只是单纯地想通过一套系统对用户的体验反馈进行管理，单纯地分析用户投诉问题、控制舆情风险，那么品牌体验管理（eXperience Management，XM）同样能发挥一定的效果。但如果品牌期待以体验驱动稳健增长，就需要认同全面体验管理所强调的用户价值、数字化管理和体系化布局。

不是所有行业都需要全面体验管理

全面体验管理是品牌增长乏力时的一剂良方，那么是不是所有行业都需要全面体验管理呢？我们来看两个案例，同样是网红饮品品牌，同样是拥抱体验的用户品牌，也同样是从体验管理中有所收获的品牌：一个是元气森林，它专注于研发产品；另一个是喜茶，它专注于整合产品和服务。在不同的业务场景下，两者的体验管理形式不同，我们可以从中看出，重视整合产品和服务的喜茶显然更适合应用全面体验管理。

强调产品创新的元气森林

元气森林成立于 2016 年，凭借“0 糖 0 脂 0 卡”的概念，快速火遍全网，引领了新消费潮流。元气森林秉持“用户第一”的使命，致力于为美好生活创造健康好产品，被业内誉为“爆品制造机”。为什么元气森林气泡水、燃茶、乳茶、“满分”系列果汁微气泡等产品一经推出就能赢得用户青睐？

元气森林早在2015年就成立了研究院，在2016年才正式成立公司，一开始按照传统打法研发产品：先请一批专业人士划定目标市场，然后将目标人群列出来，为他们制定易于接纳的价格，再用零售价格倒推研发成本。在这样的运营逻辑之下，元气森林打造的第一代产品，在内部就折戟沉沙了。此后，元气森林反其道而行之，首先聚焦用户想喝什么，其次评估用最健康及优质的材料能不能达到理想的营养和口味，最后才会考虑定价，以及尝试这一定价能否被市场所接受。实践证明，市场是愿意为好产品买单的。在做出第一款受市场欢迎的产品时，元气森林形成了两个比较朴素的理念："用户第一"和"相信年轻人"。

元气森林的产品种类非常多，每个产品在立项、研发、测试、上市环节的决策都由团队中的年轻人说了算，由用户说了算。"满分"系列果汁微气泡产品，是由元气森林团队年轻人研发的营养饮料。该产品成功研发后，公司内部非常认可，但因团队担心售价过高而不敢予以售卖。通过用户反馈，元气森林发现，用户的价格接受度尚可；但在果汁浓度方面，用户表示该产品的果汁浓度太高了，希望减少一点。虽然元气森林的初心是希望饮品的营养更丰富，但用户不一定喜欢。因此，元气森林快速迭代了两个版本的产品，最终的销量和口碑都让团队满意。

元气森林不仅通过其研究院收集用户反馈数据，而且在公司内部和工厂通过冰柜和展示柜陈列各种各样的饮料，并观察哪些产品大受欢迎，哪些产品无人问津，这一数据与外部用户反馈数据非常接近。通过内部团队和用户共同数据检验的产品，才是市场乐于接受的好产品，对内、对外都经得起考验。

早期的元气森林研究院逐渐演变为今天的“元气研究所”，从由专业人士研究转变为与用户共同研究，通过“元气家”小程序，在产品立项、研发、测试、上市的每个环节都邀请用户进行产品共创。“元气研究所”基于用户反馈进行优化的产品，怎能不被用户喜欢呢？元气森林曾公开表示，在实验室阶段有大量的配方版本，在经历各种数据测试后被淘汰。能够上市的产品都是通过了无数次数据测试从而脱颖而出的。

元气森林是很典型的体验驱动的用户品牌，其“元气研究所”正是体验管理的一部分，通过进行产品体验数字化来实现与用户共创产品。正如元气森林创始人唐彬森所言：“人类世界只会奖励那些对用户好的公司。”元气森林团队自上而下地拥抱用户、拥抱体验，“用户第一”绝不是一句空话。

作为消费品类，元气森林将体验管理聚焦在产品创新上。在当前高效的产品决策迭代闭环中，元气森林已经形成了产品体验驱动的增长引擎。能够不断推出好的产品，就是元气森林的壁垒（元气森林也在布局供应链，构筑上下游壁垒，此处不做延展）。考虑到消费品的渠道之多，用户之广，如果元气森林在当前阶段搭建全面体验管理体系，势必会拖慢企业生长的速度，因而元气森林并不适合实施全面体验管理。

强调门店服务体验的喜茶

低客单价的品类或者渠道冗余、复杂的消费品类，都应该聚焦在产品体验管理上吗？显然不是，我们再来看另一个类似的案例——喜茶。以“排队”出圈的喜茶，自 2017 年开始积极地进行数字化布局，被业内誉为“数字化奶茶”，并通过“喜茶 GO”微信小程序解决用户长时间排队的困难，实现线上点餐线下取餐（送餐）。在新冠肺炎疫情期间，这一数字化布局也成为喜茶的主要利润增长点。

截至 2020 年年底，“喜茶 GO”微信小程序的会员数量超 3500 万，全年新增 1300 万会员。公域流量越来越贵，如今的“喜茶 GO”微信小程序已成为喜茶数字化运营的重要战场。挖掘数字化私域流量，使喜茶掌握了一定的话语权，不会受制于日趋垄断的 O2O 平台。不仅如此，从产品研发到门店终端，喜茶更加注重用户的整体体验。利用微信小程序触达用户，为喜茶提供了具有参考价值的消费场景、行为数据、反馈数据。精准的用户画像、单品销量、区域差异、用户评价等，对于喜茶产品研发团队和门店运营团队了解用户喜好与需求、计算订单耗时和监测门店运营等方面，都具有重要意义。在喜茶创始人聂云宸看来，“品牌销售产品，便通过产品与用户建立了关系，本质上是让用户通过你的产品得到满足”。通过“喜茶 GO”微信小程序，用户是否通过产品得到满足就可以很精准地得到评估。

每个订单在完成取餐或配送后，“喜茶 GO”微信小程序会推送订单评价的通知，邀请用户对服务满意度做出评价，包括总体的评价，以及制作、口味、包装、店内环境、配送以及服务等维度的评价。当某个维度评价不佳时，该小程序会进一步显示体验不佳的可能原因。比如，当用户对包装评价是“不佳”时，该小程序可能会显示漏撒、冷热未分开放、少纸巾、少吸管等选项，从而帮助喜茶快速定位门店服务中出现的问题。

喜茶还会邀请用户对所选购的产品做进一步的评价，该评价环节比较简单，即在每款产品后面设置满意和不满意两个选项，邀请用户做出选择。最后，喜茶会收集用户对门店综合体验的反馈。当用户体验超棒时，评价页面会出现相应的正向标签，从而挖掘用户感知到的良好体验，评价页面还会显示用户刚刚选择的满意的产品名单和不满意的产品名单（如有漏选或误选，用户可在此处进行修正）。用户能在大概 30 秒左右完成整个流程，使“喜茶 GO”微信小程序的服务体验评价形成闭环。

此外，喜茶会根据订单数据针对某单品做专项研究，通过短信的形式邀请用户参与调研（非重要信息，不想参与的用户可自动忽略，减少不必要的打扰）。首先，确认用户是否购买并饮用了该产品，如果用户只是为他人购买而并未饮用，调研将自动关闭。如果用户饮用了该产品，喜茶将询问更多关于产品的问题，喜茶想知道的是：该产品在哪些方面还有更多的优化空间，比如降低芝士的浓度、增加椰果珍珠等信息，这些信息可以供新品研发团队作为改进的参考依据。

基于整体服务反馈和定向新品反馈的双线用户体验感知数据，再结合已有的订单详情数据、用户画像数据（比如用户的性别、年龄层、偏好语言、在第三方平台的用户名、会员的等级、卡内余额、所在的城市、使用会员服务的日期与频率、购买或接受卡券的名称与频率、线上点餐的收件人、送餐地址、客单价、购买产品的名称、喜欢的甜度和冰度、设备信息、登录的位置信息等），喜茶可以做到“千人千面”地进行产品推荐，方便用户快速找到想喝的产品（见图 2-3）。具体而言，喜茶为不同的用户推荐不同的产品，在用户定位到不同店面时为其推荐不同的产品，在不同的时段展示不同的产品。也就是说，每个用户在打开“喜茶 GO”微信小程序的时候，页面最前排的推荐是不同的；同一用户定位在不同的门店时，喜茶也会对产品排序进行修改；在同一天的不同时段，喜茶也会有不同的产品推荐；甚至在用户选择产品时，喜茶会默认选择用户偏好的甜度、冰量、加料等。

总而言之，基于用户的反馈数据，喜茶可以更好地优化门店体验、点餐流程、取餐流程以及购买渠道。用户反馈的数据可以同时支持喜茶对新品的研发，提高新品研发效率。

喜茶不仅要研发新产品，而且要在门店营造美好生活的服务场景，这就要求门店将深度体验互动数据（X 数据）与运营数据（O 数据）进行融合分析，如图 2-3 所示。全面体验管理还需要结合线下用户的反馈，以及 O2O 平台用户的反馈，甚至需要结合其他品牌跨界联名产品的反馈数据，将它们放在同一视图中呈现，不错过每一位用户的反馈。

相对于日益昂贵的公域流量，低成本、高黏性的私域流量已经成为

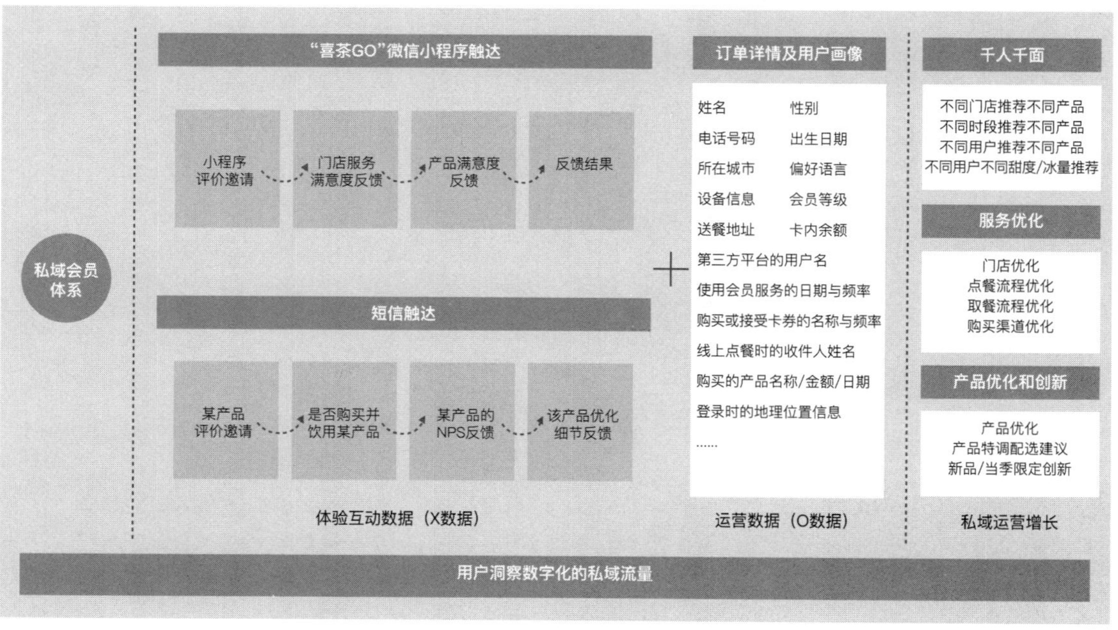

图 2-3　喜茶门店服务体验的"O+X"融合示意图

每一个零售消费企业追求的核心竞争力。数字化转型的价值在于数据的收集、分析、运营。移动化、数字化工具，可以捕捉用户线上、线下的主观反馈数据和全量运营数据。企业需要将这两类数据结合并协同分析，在不断丰富和积累用户画像的同时，更精准地为用户服务。这两类数据可以在品牌营销、产品决策以及品牌战略等方面都提供重要的参考依据。

与元气森林相比，对于喜茶这类融合了服务场景的企业来说，使用全面体验管理显然更具价值。那么，到底什么样的行业和场景更适合布局全面体验管理体系呢？全面体验管理能快速带来回报的领域一定是“用户中低频消费、中高频使用、重视综合性体验”的行业：

- 中低频消费是指用户旅程清晰明确，但尝试成本高。
- 中高频使用是指产品是用户的刚需，体验对用户的影响较大。
- 综合性体验是指用户注重稳定使用、价值认同、维修保养服务等多维度的综合体验。

以新能源汽车行业为例，早期购买新能源汽车的用户如今都发现汽车的电池续航能力不足。他们在早期享受到了“无限购限制”“用车成本低”“政策节能补贴”等红利。如今他们想换车了，但换车成本高；如果不换车，汽车的续航能力差，这让他们每天面临“电荒”的问题，用车体验不佳；如果换电池，其成本与换车差不多。用户换车的频率较低，使用的频率较高，同时用户要考虑保险、续航能力、二手交易等综合体验，因此新能源汽车行业就更需要全旅程、全渠道、全场景的全面体验管理。

类似的行业还包括餐饮业、金融业、大健康行业、科技产品行业、生活服务行业等。接下来我们会以几个典型行业场景和典型案例，诠释如何通过体验驱动品牌的价值增长，与用户共创品牌。

全方位价值召唤，零售与实体商业

起源于线下场景的零售行业，迫切需要降本增效的门店体验管理体系，需要灵活敏捷的数字管理渠道，从而激活品牌会员用户的活力，为品牌增长和商业成功开拓可视化路径。

用户购物体验是最直观的商业体验场景。正如前文元气森林和喜茶的案例，用户了解品牌的渠道变多了，购买的平台增加了，购物链路变短了，看似“卖货”更容易了，实则用户体验更难设计和追踪了，那些精心设计的“氛围感”“仪式感”在换个场景后，也许完全行不通。那么，这就更需要体系化的设计以及“全面”的体验管理：在不同渠道，用户能获得一致性的认知；在不同的购物场景下，用户能得到一致性的体验；在不同的促销活动下，用户能得到同样品质的产品。一致性的体验是品牌的灵魂，其载体就是 DTC 商业模式。品牌输出和用户反馈的双向连接，强化品牌一致性体验感知。基于“人”群的趋势变化，“货”品的垂直多样性，线上线下的细分“场域”，唯有“以用户为中心”的全面体验管理，才能贯穿“人”“货”“场”和企业的前、中、后端，为品牌构筑起体验驱动的增长壁垒。

不知道大家有没有听过一个长沙的糕点品牌——墨茉点心局。最近该点心局在我们公司楼下也开了一家分店，我们看到公司的年轻人组团去打卡，因此对这个品牌也多加关注。墨茉点心局是一个国潮品牌，其店里排队的人也以年轻人为主。不论是品牌定位还是产品类目，墨茉点心局都完美契合了当代年轻人的购物诉求，打破了传统点心称重售卖的形式，设计出以“个”为单位的售卖形式，创造出更多点心搭配方式，满足了年轻人一次尝鲜的心理需求。

相比于五芳斋、稻香村这些老品牌，以墨茉点心局为代表的新消费品牌对用户需求的把握更为精准。它们除了注重运营数据（例如交易额、复购率等）外，对年轻用户的体验需求也有着更深刻的理解，以“O+X”的形式打造出更贴合年轻人需求的产品，提升整体服务水平，不断带动品牌升级，创造“增长风暴”。这也是 DTC 品牌能够快速增长、获得用户认可的主要原因。这些品牌不断丰富用户画像，从而找到用户需求，通过运营数据（O 数据）和体验数据（X 数据）双向驱动来完成业务决策。

五芳斋的体验管理焕新

五芳斋，创立于 1921 年，凭借“粽子大王”的硬实力吸引了大批忠诚度极高的用户群体，在用户极具变化的体验经济时代，五芳斋需要借助全面体验管理的力量焕发百年金招牌的全新活力。

2009 年，五芳斋开始引入体验，逐步建立“以用户为中心”的全面体验管理后台，拥抱线上客群流量，联动线下门店核心业务，从三大维度打造品牌的体验文化。

拥抱体验，应用降本增效的门店体验管理。在门店服务方面，五芳斋从用户视角联动线上线下的双消费场景来设计门店，从而带动品牌业绩正向增长。五芳斋的连锁餐厅内始终保有食品销售柜台，如果用户到店消费后，觉得菜品口味很好，还可以通过店内的线上平台直接下单，将菜品寄送到家。

五芳斋从用户角度出发，规划出用户在门店的体验旅程，设计旅程中的关键性体验指标，探索用户体验数据背后的需求，提升品牌服务的体验价值，重新设计门店的布局，优化用户动线，提升坪效。

精准画像，洞察用户需求。当其他餐饮品牌还在“被动性升级”般地迎合用户需求时，五芳斋已经有了清晰的门店体验优化模型，感知用户的门店体验，精准定位门店亟待优化的问题节点。

体验采集，定位企业优化节点。对于连锁门店来说，标准化服务管理是保证品牌对外形象统一的重要途径，这也是众多线下餐饮品牌引进“神秘顾客”机制的主要原因。调研人员扮成用户到店点餐，感知门店的真实体验，但这一模式不仅受到“神秘顾客”的主观性判断的影响，而且会导致大量人力、时间成本的投入，很难兼顾时效性和用户体验旅程完整性。

从用户视角出发的门店体验管理有一套统一、标准的流程，通过对用户体验旅程的规划及关键性体验指标的埋点，替代“神秘顾客”完成全量数据采集，利用自然语言处理技术（NPL）进行情感分析，通过公域舆情、电商评论、用户声音（VOC）等全域渠道的体验数据进行整合分析，及时洞察用户的异常情绪，实时感知用户的不良体验，精准定位用户旅程中可以优化的节点。

门店体验管理能够细化每段用户旅程的标签，捕捉不同触点的用户体验数据，优化用户的整体体验，达到提升用户忠诚度和满意度的效果；在运营层面，建立以风险预警、工单委派为基础的用户体验响应体系，增强品牌端的响应速度。当收到用户的低分评价或者低满意度调研结果时，企业可以根据内部管理指标，将其迅速反馈给相关问题负责人，在第一时间发现用户体验环节的问题节点，减小用户流失风险，掌握挽回用户的最佳时机。

零售增长，以体验为炬

体验解决的是品牌核心用户的标签问题，而体验管理则是通过数字化手段获取更多的样本数据，通过数据采集来验证用户标签的正确性，不断完善用户标签，丰富用户标签的维度，为品牌的个性化运营做好铺垫。简单来说，体验可以帮助品牌定位目标群体，而体验管理则利用数字化手段在整个市场中，发现能够成为品牌核心用户的群体。用户数据，则是全面体验管理模型的底层逻辑。

全面体验管理模型包括三个层面的数据沉淀，简称 BOX。

B 数据，即行为数据，包括用户在线上和线下的行为。用户的线上浏览时长、浏览内容类型、在线下环境中的到访次数、停留时间等，都是用户的行为数据。

O 数据，即运营数据，也就是关于销售结果的数据，体现用户的消费情况，比如某家门店的客流量、每天的业绩等。相比于 B 数据，O 数据主要体现在品牌的营业收入报表内。

X 数据，即体验数据，比如用户在门店中是喜欢尝试新品还是经常购买同一产品，用户对品牌的整体印象是什么等。X 数据更像是在解释 B 数据和 O 数据出现的原因。

全面体验管理的数据模型是连接前期商业战略和后期商业运营的主要工具。

体验经济下，传统品牌不仅需要应对来自新品牌的冲击，而且需要应对消费市场日新月异的变化。经过时间而沉淀下来的品牌需要贴合消费群体的变化去寻找新的共鸣，重新构建品牌与用户的连接点，将用户视角下的体验数据带入品牌视野内，提高对用户的全面理解力，用“O+X”的全新数据模型打造品牌的全面体验管理体系。

传统品牌的时代机遇已至，不论是线上零售还是线下门店，都需要借助全面体验管理来提高感知用户真实体验的能力，制定一套以用户为中心的体验优化逻辑，洞察年轻消费群体对品牌的全新见解，重建品牌与用户的沟通渠道，打造体验时代的全新商业形态，与用户共创品牌。

细微之处建壁垒，零售金融

2013 年伊始，零售金融以一种全新的消费形态迈入市场，展开了波谲云诡的 10 年发展史。传统金融机构独霸天下的时代宣告结束，开启了第一轮的“鲶鱼效应”。随着互联网金融的规模化整合，传统金融机构被迫加入创新改革大潮，依托数字金融的技术手段，踏入了零售金融的大变局。

不同于过去银行营业厅网点的服务与服务后满意度评估的点与线连接，手机银行基本覆盖了绝大多数银行业务场景，体验的反馈与管理变得更为多元。不仅如此，由此演化的生活服务也正通过手机银行拉开帷幕：餐饮、出行、影票预订、美容护肤……凡是与消费相关的场景，都与银行业务相关。

面对金融市场中供给侧结构的变化，传统的金融机构和零售金融的新势力都格外重视数字化赋能：优化现有的业务流程，提高用户问题解决效率，丰富企业的业务场景，建立起完整的全面体验管理体系，重视用户体验旅程中未被满足的需求点，找准品牌的发力点，实现品牌与用户关系的逐级递进，落地以用户体验为中心的品牌优化战略。整体来看，零售金融可瞄准行业三大需求，通过全面体验管理把握发展机遇。

零售金融的新机遇，瞄准行业三大需求

随着互联网的普及、零售金融行业的快速发展，银行用户的个性化需求也逐渐增多。线下的银行网点受限于空间、人力、流程等客观因素，使用户在线下网点的体验糟糕，如等候时间过长、服务态度欠佳、业务水平不高等。线下银行网点的吸引力大不如前，因此其经营效益极速下滑。传统金融机构的未来转型方向是：站在用户需求角度，以“数字化、智能化、轻量级”为转型主线进行线上线下整体体验创新，通过全面体验管理体系实现线下设备与线上系统间的连通互动及控制管理，

重新设计线上线下的用户场景，打造更顺畅的用户体验服务。

实施更加精细化的线上线下服务体验管理

传统金融机构并不缺用户，但是如何激活机构内的沉寂用户、吸引更多年轻用户的进入是建立全面体验管理体系的关键。既要贴合用户的需求，又要体现完整的用户场景，不仅是对企业数字化平台搭建能力的考验，而且是对企业在不同渠道下搭建用户场景的能力的考验。

梳理用户首次接触企业直至下单并享受产品或服务期间的完整旅程，规划不同场景下用户与企业的互动触点，是建立全面体验管理体系的第一步。在完整的用户体验旅程地图上根据体验触点设计关键指标，是实现全面体验管理的关键步骤。

工商银行推出的“工银 e 钱包”，正是基于房地产销售企业的购房场景，通过对用户缴纳意向金的体验旅程的规划，细化了体验触点的关键指标，发现用户对于买房缴纳意向金需要在银行、售楼处两头跑的体验十分不满，因此工商银行提出了全线上、一站式购房的“诚意金缴存”服务，这不仅提升了用户的购房体验，而且为房地产销售企业提供了安全合规的支付解决方案，提升了购房验资效率。

整合多元渠道的数据平台

银行线下服务网点的未来命运取决于用户需求。虽然用户到线下网点办理业务的频率下降，转而选择更便捷的手机银行和网上银行服务，但线下网点始终不缺少到访用户。从长期发展的视角看，传统银行需要对线上线下业务渠道进行整合，实现多元渠道业务的无缝衔接，保证用户体验的完整性和连贯性。

基于业务渠道的整合，全面体验管理体系需要更多元的数据采集途径。全面体验管理体系除了需要以用户体验旅程地图为基础的调研数据外，还需要融合企业平台的多重互动渠道，结合公域环境下的用户声音，实现全渠道的体验数据采集，最大化用户样本量，搭载 AI 智能分析、NLP 语义语态功能，感知用户的不良体验，挖掘用户体验背后的机会点，从而为银行的线上线下业务创新指明方向。

企业通过整合多元渠道的数据平台，能够全面融合银行数据后台中的运营数据与用户体验数据，实现“O+X”的双轮驱动模型，明晰用户行为数据背后的动因，精准定位糟糕的用户体验节点，建立用户体验优化迭代的管理模型，通过持续性数据采集来动态展示用户体验的波动变化，实时感知用户情绪，在企业与用户互动中抢占先机。

进行更好的口碑管理

经历了流量时代的洗礼，用户对于“营销套路”形成了强烈的抗拒心理。相比于企业自说自话式的传播，用户更倾向于信赖公域环境中的品牌口碑，特别是初次接触银行的用户，非常容易被品牌口碑所吸引，从而形成对银行的第一印象。

在产品高度同质化的市场中，企业不仅要拥有快速感知用户真实体验的能力，而且需要洞察行业内横向视角下的品牌体验差异，了解不同企业间的用户整体体验感知，将公域环境下的用户反馈进行更多维度的拆分，对产品、沟通、服务、环境四个维度的体验进行量化，既要找出品牌理想体验与用户真实体验间的差异，又要找出不同品牌间的体验感知差异。这就是品牌体验指数（BXI）模型的基本理念。以用户体验为中心的全面体验管理模型能够为企业创造更卓越的财务指标、更高的品牌价值和更好的口碑管理。接下来，我们分别以招商银行和百联金服为例来说明建立全面体验管理体系为其零售金融业务带来的价值。

两大案例，洞悉全面体验管理的价值

招商银行“风铃”系统，开启金融行业的全面体验管理先河

2017 年，招商银行就明确了要转型成为金融科技银行的战略部署，打响了传统金融机构转型的第一枪。零售金融的快速发展使传统银行意识到，数字化转型迫在眉睫。在“金融科技银行”的清晰定位下，招商银行从用户的角度出发，找到触达用户的新入口，以“招商银行”和“掌上生活”两大 App 为中心，打造银行用户的服务生态。

招商银行的“风铃”系统是监测零售用户体验的管理体系，通过对

用户体验进行场景旅程规划，设计出上千个用户体验指标，实现对零售金融用户的实时监测和后台数字化动态看板呈现，构建用户体验优化升级的风向标。“风铃”系统的出现，使各大银行都纷纷开始了全面体验管理平台的搭建。

百联金服，以数据驱动整体体验的提升

百联金服是百联集团旗下的金融服务公司。相比于传统的银行机构，百联金服是诞生于零售金融环境中的新势力。得益于互联网经济的无界互动，百联金服依托百联集团商业驱动，在多用途预付卡领域崭露头角，跻身头部品牌行列。在快速变化的商业环境中，百联金服同样需要建立全面体验管理体系，从而掌握用户在不同业务场景下的需求，洞察用户体验旅程中的情绪变化，结合后台的行为数据，挖掘用户行为背后的动因，明确与用户关键体验触点相关联的企业内部“权责利”流程，利用数据来实现品牌整体体验的提升。

百联金服对用户体验旅程的管理包括两个方向：一是品牌与用户在外部环境中互动所发生的具体交互场景；二是以企业组织架构为基础的体验协同。用户体验旅程管理要求品牌站在用户视角，立体洞察用户与企业完成某项业务的全部旅程，对全部触点进行统一监测和管理；以全局视角洞察关键体验触点的数字化程度、作用和价值；串联诊断用户在整个旅程当中的需求和痛点，而非仅仅关注某个单一环节。

那么金融机构应如何建立全面体验管理体系以驱动增长呢？

建立全面体验管理体系，推动品牌整体体验升级

全面体验管理模型将用户体验旅程中的关键触点与企业内部业务流程相关联，并将全面体验管理体系融入整个企业组织架构。用户体验优化不再是企业内某个部门的责任，而是贯穿企业战略层—管理层—执行层的整体战略目标。

在内部体验旅程规划过程中，企业通过对体验战略目标的拆分，完成企业架构的优化升级，将企业从上至下拧成一股合力，为实现用户体验升级的目标共同努力。

企业想要实现升级用户体验的战略目标，不仅需要有明确的用户体验旅程，而且需要拥有完整的体验指标体系来量化用户在旅程中的体验，明确用户在旅程中的体验巅峰和体验洼地。

我们通常将用户体验指标划分为品牌体验、产品体验、触点体验、服务体验四个维度（见图 2-4），从全面体验管理模型出发，有效衡量用户体验，实现体验战略目标的逐级下分，全面采集用户体验数据。

用户体验的升级源于品牌对用户的完整感知。品牌通过绘制用户体验旅程地图明确用户与品牌的对话空间，建立明确的体验指标体系，定

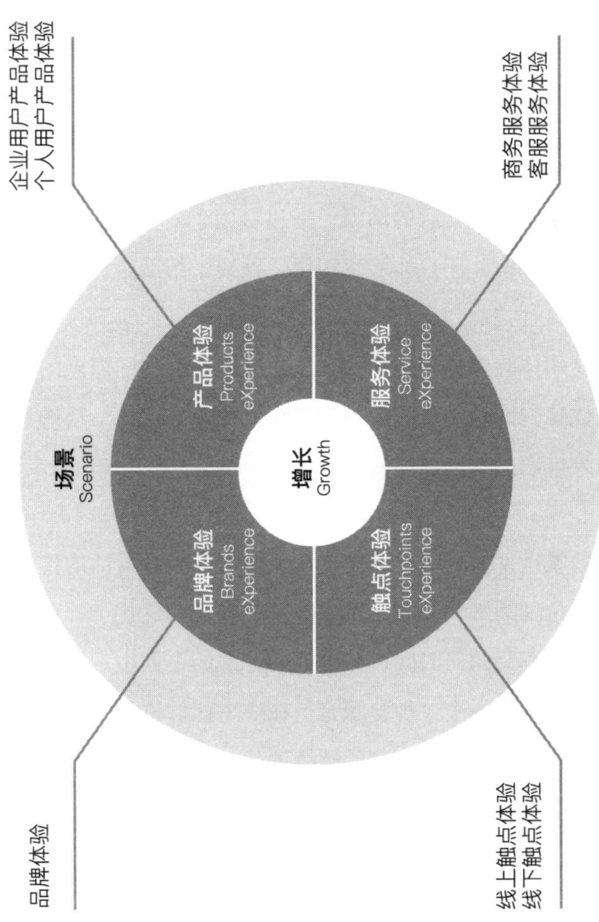

图 2-4　全面体验管理模型

位用户体验中的关键性互动节点，全面采集用户体验数据，与企业数据后段的运营、行为数据相结合，全方位管理品牌体验升级的优化点，完成品牌体验的整体迭代。

百联金服在品牌体验升级过程中，通过对全面体验管理体系的搭建，明确内部组织架构与外部用户旅程中的体验节点，通过全旅程的体验诊断来了解用户行为背后的动因，搭建 O（运营数据）+X（体验数据）的体验指标体系，构建用户体验感知量化框架，帮助企业了解现状，预测未来。例如，在提高“OK 支付”的 NPS 项目目标中，百联金服通过对用户满意度的体验数据采集来明确用户使用过程中的痛点问题，明确产品功能的优化方向；结合企业内部组织流程落实优化策略的具体责任人，从内向外推动品牌整体体验的升级。

全面体验管理拥有持续的数据追踪能力，强大且灵活的指标体系迭代模型，可以帮助品牌实时洞察用户体验，补充和优化“神秘顾客”的线下走访机制，缩短调研时间，减少评估标准的个人主观影响，扩大样本采集数量。以前，一个“神秘顾客”在一个区域进行定期走访的时间大概是 1 个月，而全面体验管理的持续评估功能能够节省大量时间，最大化提高企业运营效率。

面对金融市场中供给侧结构的变化，传统金融机构和零售金融新势力都需要重视数字化赋能，优化现有的业务流程，提高用户问题解决效率，丰富企业的业务场景，构建完整的全面体验管理体系，重视用户旅程中的痛点问题，找准品牌的发力点，实现品牌与用户关系的逐级递进，将以用户体验为中心的品牌优化战略落到实处。

其中，构建用户全面体验管理体系的关键步骤如下：

1. 梳理完整的用户旅程地图。

2. 建立完善的体验监控评估体系。

3. 制定用户体验问题快速闭环迭代机制。

4. 组建体验行动变革小组，启动全面体验管理项目。

数字平台，瞄准金融跨界零售的时机

金融全球化的发展、信息网络技术的广泛应用、银行合并的浪潮、金融监管的放松、个人收入和财富的增长，为零售金融的迅猛发展做好了前期环境铺垫。越来越模糊的零售与金融边界，创造了一个高利润空间的新赛道，使各类零售金融平台争相入局。

零售切入金融，后疫情时代的数字体验竞争

虽然传统银行等金融机构拥有最大规模的用户体量，但是其缺乏数字金融的意识，导致转型步伐慢了一步。来势汹汹的零售金融新势力依托成熟、完整的数字化推行链条和普适性的零售金融服务，在消费市场

中大肆“跑马圈地”，主动加速消费金融与零售金融的规模化整合。

蚂蚁金服（现改名为“蚂蚁集团”）、京东白条、去哪儿、携程、奇虎 360，都争相推出金融化产品，向传统金融零售体系发起冲击。传统金融零售行业需要整体审视和改造自身的零售业务，以线上数字化产品的应用场景为基础，规划更广泛的用户使用场景，提供更流畅的线上使用体验，来应对零售金融新势力的市场争夺。尤其是在后疫情时代，高度数字化的市场环境对传统银行的产品、服务体验都提出了更高的要求。

金融转向消费，传统金融行业踏上快车道

从金融市场的宏观角度看，传统金融机构在数字化转型中普遍拥有基础优势、庞大的用户体量、高用户认可度的市场环境。对于国内绝大多数的普通老百姓来说，即使是同样一款理财产品，银行的信用背书远比新消费巨头的信用背书可靠。就算是拥有数字化技术优势的阿里巴巴，在民众信任度上，都先天弱于传统的银行机构。因此，银行机构在数字化转型中，必须抢占用户体验的战略制高点，不论是手机银行、数字化风控、智能客服等业务的开放应用，还是零售金融的银行生态打造，都要以优化线上用户的体验、满足用户的需求为出发点。

零售金融新势力高度数字化的金融服务，倒逼传统金融机构快速构建好全面体验管理体系，设立用户体验监测体系，实时感知用户的真实感受，完成线上数字化产品的迭代更新。传统金融行业以数字化业务数据中台为核心，打造智能的线上用户服务平台，实现数字化产品对一线客户经理的赋能，从根本上提升用户体验，踏上零售金融行业的快车道。

因人而变新浪潮，物业与生活服务

物业与生活服务领域正在产生对全面体验管理的新需求。物业与生活服务致力于不断提升业主居住体验，已从搭建社区山山水水的硬性提升转化为润物细无声的软性提升。2014 年后，房地产企业告别了“弯腰捡钱”的“黄金时代”。卖方主导、快速拿地、粗犷开发、“胆子越大赚钱越多”的行业现象已经成为历史。2017 年，以金地、万科为代表的房地产企业，纷纷开始向“城市运营商”“生活服务商”转型，提出了“用心构筑美好生活”“成就美好生活”等方针。2020 年，住房和城乡建设部、中国人民银行公布了房地产行业的“三条红线”，坚定执行“房住不炒”的政策。我国不把房地产作为短期刺激经济的手段，要实施房地产市场平稳健康发展的长效机制。

行业与品牌的一系列变化，既源于宏观政策的变化，又源于人们对美好生活需要的日益增长。在地域多级、人群多元的中国，人们的美好生活需要存在共性，更需要存在差异。房地产企业还是要回归人，以理解人、尊重人、满足人的态度，去创造产品与提供服务。

功亏一篑，见微知著

当下的房地产企业正致力于围绕业主的衣食住行创造更多元的产品组合。房地产企业提供的综合服务不仅能满足业主的基础居住需求，而且为业主实现美好生活愿望提供了支撑。这些使物业公司更加重视服务水平的提高。

40年前的物业管理更像是房地产开发的附属品。如今，碧桂园服务、中海物业等十几家物业管理企业成功拆分上市。万科董事长郁亮曾指出，一个经济体在房地产建设进入成熟期之后，围绕着不动产的服务业规模会超过房地产本身。随着房地产行业从增量市场阶段进入存量房深耕阶段，物业管理不断拓宽服务空间，已经成为房地产企业新的增长点。

2021年年初，住房和城乡建设部等十部委联合发文，鼓励物业行业从基础服务向生活服务做全面转型。物业不仅是房地产行业的一个板块，而且是一个民生行业。在经历了疫情社区防控共建之后，物业的价值在被不断挖掘。

目前，业主对物业服务的满意度普遍偏低，近两年"取消物业服务公司"的呼声日益高涨。从舆情数据看，大部分用户对物业的认识仅停留在保安、保洁等方面，远远没有达到物业服务该有的认可度。我们经常能看到这样的用户反馈：物业把绿化区改为停车场，但是停车位依然紧张，停车费也涨了，绿化区还没了；垃圾分类是好事，但是因为要分类，物业撤掉了好几个垃圾投放点，业主扔垃圾要走好远；电梯广告多到“辣眼睛”，其收益的去向没有向业主公示；邻居装修超出时限，物业也不管。可见，业主对物业的要求已经不局限在公共设施的维护方面。

我们在参与某知名房地产公司物业服务项目时，曾经遇到这样一个真实而具体的例子。安保体系健全的物业公司都会有这样一条规定：当用户搬离贵重的大件物品时，无论是业主还是租户，都需要统一到物业报备，填写出门条并留下相关信息。但是，一位正在搬离物品的业主认为该物业不是在服务业主、保障业主的财产安全，反而是在限制业主、故意找茬。

该业主曾经先后购买过两个暖气设备。第一个设备用了几年，其间出过几次故障，物业都积极地配合维修。该暖气设备被淘汰后，该业主直接将其当作废品处理了。第二个暖气设备用了一年后，该业主想将其搬到其他房子给租客用。当该业主搬走第二个暖气设备时，保安对其进行了制止。保安表示，大件物品离场一定要有物业的出门条。与保安反复解释未果之后，该业主电话联系物业办公室，但物业表示领导不在，没办法请示，建议还是按规矩办。从耐心沟通到争吵，业主最终只能花 20 分钟去物业办公室办理出门条。用业主的话说：如果收废品的师傅拉着暖气设备离开，保安不会拦，但是换作是业主拉着暖气设备离开，保安就不同意。这位业主曾经四处投诉，但没有部门认为这件细碎的事情值得重视，业主最终得到的是物业敷衍的道歉。

从用户体验旅程来看，物业维修人员几次配合维修的节点带给用户的体验都是愉悦的，日常的安保服务也是正常的，让用户体验极差的部分在于峰终旅程的“终”，甚至抹杀了用户对此前工作人员积极配合、专业友好的良好印象（峰值体验）[①]。

在这一场景下，用户的认知就是物业服务的体验差，与物业费不匹配。那么是什么造成了物业服务体验差呢？从表面上看，原因是保安没有放行，实际原因是物业关于“大件贵重物品”的标准界定不清晰。物业在面对合规但不合理的情况时，与保安存在服务断点（试想如果物业办公室较近或原地办理，用户体验会不会不一样）。同时，用户投诉无门，物业缺乏感知用户体验的能力。因此，其根本是物业的业务流程不合理，不能与用户体验旅程相匹配。

在这个真实而具体的例子中，我们可以看到，企业在服务转型过程中，重点在于重构用户的需求，快速响应用户的非标准需求，以及匹配需求和供给，将用户体验放在第一位。

服务与有形产品的不同点在于难以量化。不同物业公司的收费标准不同，我们很难感受到其差异，因此物业公司更需要从交付前、交付中、交付后以及交付后的更长周期，形成基于用户全生命周期、全业态

① 峰终定律：人们对于某一段经历的记忆，只会记得高峰时和结束时的体验，即“峰值”和“终值”的体验，而过程中的其他体验对人们的记忆几乎没有影响。

旅程的，针对不同项目、不同用户群体的体验感知。

持续创新，定义新生活

20 多年来，绿城服务持续对服务产品进行迭代，从 1.0 亲情服务到 3.0 智慧园区服务体系，始终为行业提供产品设计的新思路。2021 年，绿城服务提出“新生活主义”，以重构观察和回应用户需求的方式，洞察用户对新生活期望的诸多差异，注重让服务从批量化的产出走向关键人群与核心场景的匹配。

绿城新生活服务体系，包括“少”“老”“康”“到”四大模块（见图 2-5），包括 24 个或坚持数年或锐意创新的服务产品。绿城服务的“海豚计划”是国内规模空前、影响力深远的社区公益服务项目，13 年间让 15.5 万孩童免费学习游泳。“海豚计划”在 2017 年获得“在中国最多城市举办的青少年游泳培训公益活动”的吉尼斯世界纪录认证。

识别新需求，回应新生活。从面面俱到转向捕捉关键人群需求，绿城服务基于对关键人群和核心场景的聚类，从“新体验”“新关系”“新美学”三大维度梳理出九大需求场景（见图 2-6）、1000 多项需求清单，帮助用户描绘美好生活的新蓝图。

2021 年，河南卫视的水下舞蹈《洛神水赋》爆火出圈，让大众对中原地区深厚的文化底蕴有了新认知。王潮歌导演打造的《只有河

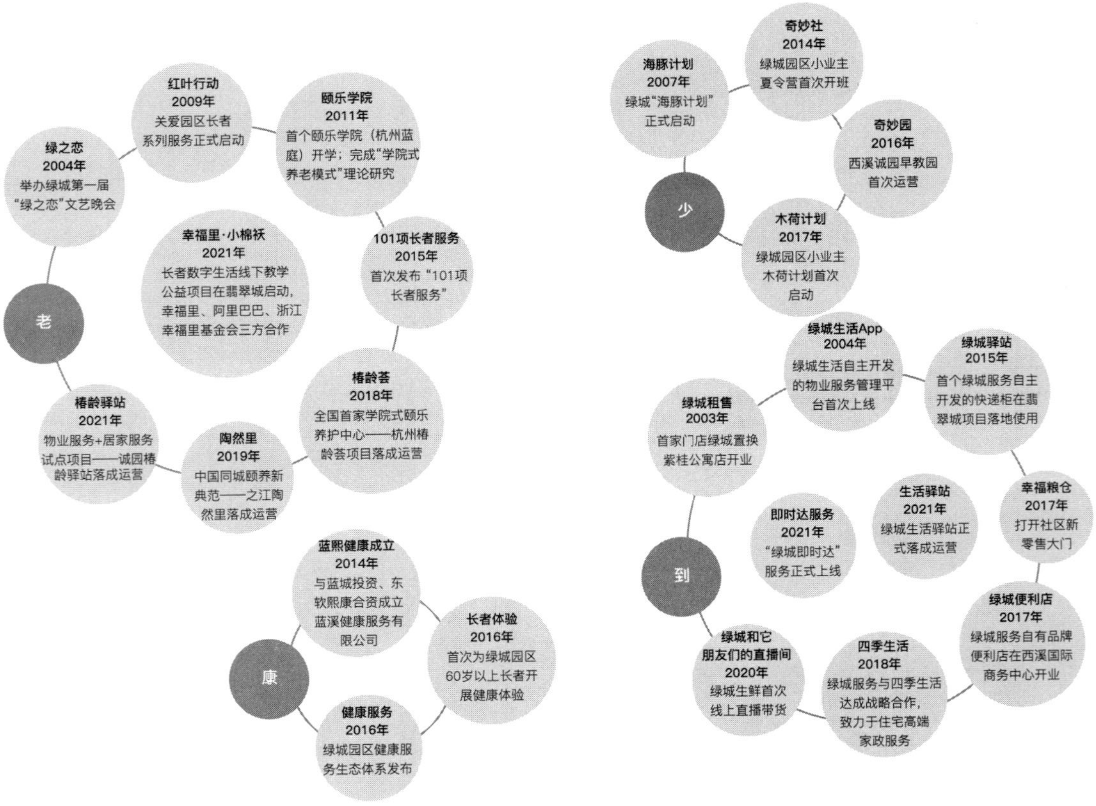

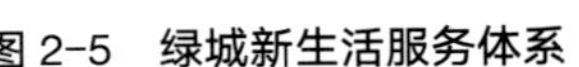

图 2-5 绿城新生活服务体系

新体验			新关系			新美学		
从生命周期角色出发的、满足多维用户角色新定义下的新场景体验需求			从社区生活关系出发的，实现物业与业主，友邻与友邻，园区与社会的新社区生活关系			从空间场域感知出发的新美学，营造物联、智联、人联的新生活美学环境		
长者感知	少儿感知	中青年感知	人与人和谐感知	人与物业互信感知	人与社会链接感知	云端感知	物理感知	精神感知
长者关怀场景	幸福成长场景	畅心尽享场景	睦邻友好场景	安全共治场景	党建引领场景	智慧美学场景	空间美学场景	人文美学场景
温情陪伴 慢病管理 社交娱乐 养身健康 日常生活 ……	便捷智慧 管家服务 快速响应 孩子托管 ……	便捷智慧 管家服务 快速响应 孩子托管 家政服务 ……	邻里互动社区活动 特色节日 社区沙龙 聚会场所 ……	安全监督 品质改善 参与决策 服务评价 收益共享 ……	社区优评 五好家庭 五龙共治 党建引领 垃圾分类 ……	微信社群运营 蔬果净菜App 微信召唤管家 线上点单开门 ……	整洁车库 四季如春小区 消杀治安小区 美感服务中心 ……	戏剧艺术展世界 文创书店悦自己 咖啡书吧谈人生 棋牌休闲见老友 艺术教育伴成长 修身养性好时光 ……

图 2-6　绿城服务的三大维度、九大场景

南·戏剧幻城》(以下简称《只有河南》)是目前世界规模最大的戏剧落群，半年的时间使河南成为明星级文化基地。《只有河南》背后的出品方，正是深耕河南本土文化近 30 年的建业集团，运营方则是建业集团旗下新型生活方式服务商——建业新生活。

在河南近 30 年的扎实积累，让建业新生活拥有了突破传统物业传统的多场景跨业态的服务能力。建业新生活拥有包括前文提到的《只有河南》，以及电影小镇、足球小镇这样的文旅项目，还拥有商场、酒店、农业绿色基地、餐饮、教育、体育馆等资源。建业新生活是一个服务平台，通过整合建业集团内部和社会的资源，为用户提供良好的服务。

以“让生活更美好”的理念为指导，建业新生活不断向人求解，创新社区商业模式。比如，建业新生活的社区订阅、房管家、建业车生活、建业君邻食堂、“肯吃亏生鲜”等在 2021 年相继上线，从真正意义上突破了传统意义的“四保一服”。“建业 +”(生活服务用户端应用)是建业新生活提升服务能力，与用户进行高效互动的数字化渠道。截至 2022 年，“建业 +”的累计注册用户达到 583.6 万人，月均活跃用户数为 166 万人，全年实现交易额 15.5 亿元。

传统跃迁，以人为本的业态升级

传统服务行业通过跨越式升级，能为人们创造更为美好的生活服务。这种转变需要以人为本。医疗服务就是如此，无论公立医疗服务还是私立医疗服务，就医环境的数字化转型只有真正贴合患者更省时省力的需求，才能提升用户的诊疗体验。公立医疗的轮椅自助租借服务、自助报告打印、电子档案同步检查结果、线上复诊等服务，均根据患者在门诊的用户体验旅程而进行专门设计。这在私立医疗服务的体现更为明显。

如今，私立医疗机构数量从 2010 年的 8000 家激增至 2021 年的 2.4 万家，满足了用户垂直化、个性化的医疗需求。在垂直化和个性化趋势下，如果私立医疗机构能面向更聚焦的用户群体和更直观清晰的用户体验旅程建立全面体验管理体系，将获得更显著的体验投入回报。

固生堂是中国首家上市的中医医疗服务连锁机构，是将新中医与现代医疗手段相结合的医疗平台。面对新冠肺炎疫情的影响，固生堂致力于打造线上线下全方位的一致性体验管理，目前已经在全国 11 座城市开设 40 多家基层机构，并为全国 300 个城市开展互联网医疗服务。

固生堂将“以用户为中心，构建可持续健康发展的新中医生活方式”作为体验定位，打造贯穿线上内容服务系统与线下中医生活中心的整体体验，逐渐实现个人化、定制化的体验；将新中医医疗体系用户体验旅程贯穿线上线下，将用户感性、复杂的体验拆解为可量化的指标，从而提升用户诊前、诊中、诊后的就医体验。

用户体验旅程并不是一成不变的，需要及时获得用户反馈，长期进行优化迭代。固生堂围绕用户生命周期进行管理和运营：在获客端，对于有接触的用户，设立评价反馈机制和全面体验管理指标，分析用户的动因和不满，减少用户的流失；在运营端，进行会员体系的运营，提升用户全生命周期的体验，更注重患者日常的健康服务，增加医患情感连接，区分不同阶段的用户画像，进行精细化的运营、服务和转化。

固生堂通过深度研究用户，识别出诸多机会点。例如，一些典型用户提到："未来希望固生堂能有更多的服务和沟通，不仅是我生病的时候可以来，平时也想得起。像我这么忙的人，怎样才能通过平时简单的调理，摆脱亚健康？"

固生堂针对长期的会员用户池，基于关系模型构建 360° 用户医疗档案模型，结合用户标签体系，从用户首次认知和接触企业，到逐渐转化、进行复购或推荐的全过程，持续丰富用户体验感知数据，结合患者的就诊频次，构建"千人千面"的健康连接。

前文的几个代表性的例子，展现了企业对美好生活的理解与各自的践行之道。归根结底，企业都利用用户数据体系化地洞察用户需求与自身服务供给的变化。这需要企业自上而下地构建起全面体验管理体系，实时感知用户，将用户体验旅程管理落实到服务人员的工作流程中，而不是空喊"以用户为中心"的口号；需要以指标和数据的方式，体现前线工作成果，真实地还原并评估一线员工的服务状态。

弯道超车造格局，新能源汽车

传统汽车品牌与真实的用户之间“失联”已久，在车企新势力来势汹汹的劲头下，企业进行全面体验管理战略转型已经刻不容缓。随着用户心智被占领，用户对新能源汽车的需求从服务价值到产品价值都有了全方位的提升，全面体验管理是帮助传统汽车品牌实现弯道超车的转型利器。

新势力竞争白热化，传统势力积极求变

未来新能源汽车的发展趋势是我们普遍认可的，这已经不是需要争论的事情了。不管你是否认可、是否接受，新能源汽车的发展都必然进入快车道，这也是汽车行业内各大巨头必须要抓住的机遇。2021 年 10 月 26 日，国务院印发了《2030 年前碳达峰行动方案》，明确提出大力推广新能源汽车，逐步降低燃油车的产销比。捷豹、路虎等大型车企，也郑重申明燃油车的生产销售截止到 2025 年；大众宣布燃油车的禁售截止时间是 2040 年。

DTC 体系下新势力，品牌与用户体验共生

最早，我们接触的重视用户体验价值的新能源汽车品牌是威马。在传统汽车品牌还在大肆铺渠道、致力于销售产品时，威马已经开始围绕用户提供体验感更好、品质更高的智慧出行解决方案了。

威马凭借对用户体验的洞察，明确其核心人群为“泛 90 后”用户，或者在生活品质和价值观念上更贴合“90 后”人群特征的用户。威马通过对核心用户群的体验管理，掌握这群年轻用户群体在出行场景下的驾驶体验，挖掘体验背后的增长密码。

同时，威马也在积极建立品牌体验线下店，寻找与用户互动的多元形式。威马的第一家品牌体验中心位于上海虹桥国家会展中心。威马在整个互动空间内主动与用户互动，邀请用户在体验过程中表达自己真实的体验感受，帮助其更全面了解用户在体验旅程中的情绪变化，改善用户旅程中的不良体验，实现品牌整体体验的升级。

威马凭借以用户为中心的体验创新打造了汽车新势力的成长空间，通过对用户画像更细分维度的理解，为体验时代下的新汽车品牌做好了启蒙。

消失的 4S 店，新诞生的用户社区

蔚来是国内第一个取消 4S 店经销权的汽车品牌，打破了长久以来 4S 店对车主用户的垄断权，打造出蔚来中心（NIO House）的品牌线下空间，直接获得与用户面对面沟通的机会，同时推出蔚来 App，打造出具有蔚来特色的用户社区。

虽然蔚来的用户社群最开始并不被大众看好，但是蔚来车主对蔚来

品牌的忠诚度却一次次刷新大众的认知。2019 年，蔚来经历了较艰难的时期，蔚来社群中的车主用户自告奋勇地为蔚来打广告，自掏腰包让蔚来参加澳门车展，帮助蔚来在第四季度交付 8000 多辆车，回笼资金几十亿元，将蔚来从生死线上拉了回来。

2020 年年初新冠肺炎疫情暴发时，蔚来碳粉俱乐部自动发起募捐活动支援疫区，甚至专门成立了碳粉捐赠工作委员会，设置财务小组、资料收集小组、医院信息核实小组、各国采购小组、运输小组等，进行统一调度管理，筹集了大量物资。蔚来用体验驱动用户服务提升的理念收获了车主用户的高度认可。

用户社区需要对用户进行深入的理解。在蔚来之前，汽车品牌与用户几乎没有沟通，更遑论用户社区。而蔚来所创建的用户社区不仅是品牌与用户间沟通的桥梁，更是品牌深入了解用户、洞察用户需求的空间。

能够洞察用户需求的全面体验管理，能够帮助品牌第一时间了解用户的反馈和真正需求。在用户社区内，蔚来通过对用户体验的管理，了解用户对品牌的整体体验，摸清楚用户完整的体验旅程链条，明确用户体验问题具体出现在哪一个环节，从而有针对性地进行优化升级。在蔚来 App 中，用户是可以直接与蔚来的最高管理者进行面对面沟通的。

全旅程体验管理

蔚来 App 不仅仅是一个品牌阵地，更是一个百万用户共创的生活方式平台。用户在购买蔚来汽车后，就拿到了进入社区的钥匙，可以随时参与社区内的话题交流，享受蔚来全方位的车主服务。用户在使用蔚来 App 时，也拥有了一个智能、贴心的车辆管家和一个共享生活的优质空间。

蔚来 App 不仅能够及时提醒用户进行电池更换或汽车保养，而且为每个用户打造了一个售前—售中—售后一体化的服务群。在传统汽车销售模式中，汽车的购买和服务是两个被割裂开来的体验。从 4S 店提完车后，汽车品牌与车主之间的关系也就断了，后续的汽车维修、汽车保养等都是由车主与售后部门进行沟通的。但在蔚来 App 中，用户可以享受这一套服务完整、响应快速的体验旅程。

如果用户在汽车使用过程中遇到了任何问题，都可以在蔚来 App 上向服务人员寻求服务，并获得快速解答；如果用户在驾驶过程中有一些关于汽车驾驶的优化想法，也可以随时在社区内发帖，并且有机会与李斌等高级管理人员直接互动交流，将个人的想法直接传递给品牌方。

蔚来 App 打造的优质社区也将品牌带入了每一个车主的生活细节，融进了每一次值得纪念的日常时刻。在社区中，与品牌、车友互动已经是蔚来车主生活的一部分。虽然车主分享的生活体验中的 40% 都是与蔚来业务无关的，比如新奇的设计、美味的食物、刺激的运动等，但是这个不断与用户进行互动的蔚来空间，正是其进行全面体验管理的重要一步，为蔚来的私域运营创造了长期价值。

会员体验的进阶服务

会员体系已经成为品牌进行私域运营的必要手段，尤其像蔚来这种用户品牌，十分重视对会员体验的整体设计和分层满足。传统的会员体系已经覆盖了用户的各个生活场景，但用户在会员体系下的体验并没有因此而提升，反而在各种“营销套路”的折磨下，逐渐丧失了对品牌“会员权益”的期待值和认可度，成为会员仅仅是一种“被迫妥协”。

传统的会员体系常常是从品牌角度去规划会员的等级权益价值，常常以积分或是兑换奖品的方式来保持会员的黏性和活跃度，但高度同质化的会员权益并不能满足会员的需求，用户能快速查询或计算出实际产品或服务的定价。随着会员场景的普遍化，用户对会员体系价值的认知也在不断被拉低，没有任何品牌体验感的会员权益形同虚设，不但不会增强用户的品牌认同感，反而会降低用户的品牌好感度。

蔚来设计的补能网络和制定的换电政策可以消除用户对于电动车续航的担忧。这背后的设计逻辑将在第 10 章中为大家逐一呈现。

口碑体验官的销售模型

以用户体验作为驱动力的蔚来，先行斩断了 4S 店的冗长销售流程，直接面对用户，创造优质体验，实现销售量增长。“以老带新”的用户推荐模型是蔚来销售模式中的最大亮点，让其他汽车品牌意识到用户体验服务所带来的增长潜力。2020 年，在新能源市场前景尚不明朗的环境下，蔚来在 10 月率先突破月销 5000 辆车的关卡，新车交付数据持续保持着增长趋势。蔚来凭借其“用户体验驱动”理念，吸引了一批高度认可其理念的“家人用户”。在“家人用户”的口碑推荐下，蔚来的订单成倍增加，在 2020 年第 1 季度期间，来自“家人用户”推荐的订单比例达到了 69%，远高于 2019 年 45% 的水平。蔚来以用户体验驱动的品牌理念让用户社区的价值发挥到了最大。

在蔚来的社区中，每一位车主对蔚来都拥有极高的认可度，自愿、自发地为蔚来品牌“站台”。对于蔚来车主来说，向周围的亲朋好友推荐蔚来汽车并不是一件难事。蔚来的品牌知名度为车主带来更多的关注，当蔚来车主开着蔚来汽车出门聚会时，自然会有朋友来询问汽车的驾驶感如何。蔚来车主自发的推荐比销售人员的推荐更容易被人接受，这为蔚来以后的销售体验奠定了基础。

跑在用户前的汽车设计，全旅程的感知能力

在用户授权范围内，随着用户的使用行为与偏好被车载系统记录、分析，用户数据也逐渐丰富，也就为人车互动带来了更多的可能性。唐硕与蔚来希望构建的，是一个跨触点、跨渠道、资源整合的汽车服务生态。蔚来将以用户为中心，融合用户个性化的数据以及社交大数据等，打通用户买车、驾车、停车、养车的全流程，实现更好的移动体验，探索创新的移动方式。

基于品牌整体口碑的用户自然增长

2020 年之前，蔚来的用户理念并不被汽车领域广泛认可，传统车企对于蔚来的用户理念更是嗤之以鼻，甚至经常会嘲笑蔚来是在“跪舔”用户。但是 2022 年之后，所有车企都在羡慕蔚来，不少车企在忙不迭地“抄作业”，大搞用户运营，要与用户交朋友了。

几乎所有新势力都强调自己是用户型企业，直接面向用户（To C），但做起来就不一样了。如果企业被成本思维和资本市场的偏好所左右，其决策可能会偏离初始目标，从而使用户体验变为“半吊子”。当被问到是如何与用户保持良好关系时，蔚来的高层管理者通常会给出一个看似简单但其实非常难做到的答案：你真心跟用户交朋友就好了。这让蔚来从核心创始团队向整个团队产生了正向的涟漪效应①。

蔚来的涟漪效应是从一批创始用户开始的，用户因为对于产品的认同而成为文化场域中的生活者。在去中心化的互联网时代，蔚来将其 App 内的活动分化出无数的兴趣族群，以社群或是车友会的形式将用户聚集在品牌周围。

在成为蔚来车主以后，用户能够获得一个超级长的服务链。对于车

① 涟漪效应描述的是这样一种现象：往平静的湖水里扔进一块石头，泛起的水波纹会逐渐波及很远的地方，寓意是一种特殊现象对周围环境的影响。如果事件本身传递的是正能量，则其必然会令世人受益；反之，负能量会覆盖很大的区域。

辆使用本身，蔚来可以提供老车主免费换电池、各种功能套餐优惠折扣、故障快速响应、保养上门取车、违章处理代办等服务。除此之外，蔚来还会组织大量日常兴趣活动、亲子活动等聚焦用户兴趣、社交需求的情感服务。从某种程度上来说，蔚来兑现了刚成立时抛出的口号：蔚来，是一种生活方式。

蔚来在经营用户化社交平台的这几年中，筛选了大批高质量传播者，小范围的涟漪效应开始显现。数字生活空间中的传播活性，使用户从信息接收者转变成信息传播者和信息制造者。蔚来将考虑如何让更多的用户加入传播链条中，把更多的用户变成品牌的传播者进行口碑传播；用户管理部门把日常与用户互动产生的内容传播作为沟通元，在蔚来 App 与各大媒介渠道中引领可传播事件话题，将用户涟漪效应在全网传播开来，增强用户在参与过程中的成就感。蔚来有护城河吗？当然有，用户就是它的护城河，并且这个护城河还具备“自进化”的能力，因为蔚来拥有的是一个个独立而鲜活的个体，而不是模糊的用户画像。

冲破传统品牌的新势力，迈入用户体验的转型变局

面对市场的变化，传统车企积极布局品牌战略转型，将用户体验价值纳入品牌战略规划中，不论是产品研发模式还是服务模式，传统车企都在积极求变，全面拥抱时代的趋势。

北京汽车集团有限公司（以下简称“北汽”）作为汽车领域的头

部企业，也是为数不多的做到从内到外实现全面体验管理的品牌之一。北汽以优化用户体验为导向，全新推出高端新能源汽车品牌极狐 ARCFOX，成为北汽集团品牌转型的先锋力量，极狐 ARCFOX 将品牌价值定义为“破界”，意为冲破传统品牌的桎梏，创造可持续的智慧出行生态。他们打破了传统销售渠道，不再完全依赖于经销商的营销目标，而是重新构建了品牌线下店，创造出品牌与用户的互动空间，更容易捕获用户在体验过程中的需求，探索用户声音中的品牌机会点。极狐 ARCFOX 选择“直销 + 授权”的模式，将用户体验的价值赋能到传统渠道上，在 4S 店的渠道基础上，创造了品牌与用户的对话通道，用极致的服务带给用户全新的购车体验。

传统汽车品牌与真实用户之间的“失联状态”已成常态，在车企新势力来势汹汹的劲头下，品牌进行体验管理战略转型已经刻不容缓。随着用户心智被占领，用户本身对新能源汽车的需求从服务价值到产品价值都有了全方位的提升，全面体验管理是帮助传统品牌实现弯道超车的转型利器。

全面体验管理箴言

- 全面体验管理系统是以可量化的体验指标来追踪用户的整体体验，并持续优化体验的数字系统和管理体系。全面体验管理必然要实现可经营、可衡量、可落位。

- 并非所有行业都需要一步到位的全面体验管理，只有用户中低频消费、中高频使用、重视综合性体验的品牌最适合全面体验管理。

- “以用户为中心”的基础是数据化与体系化地洞察用户需求与自身服务供给的变化，将用户体验旅程中的关键节点落实到服务人员的工作流程中。

- 用户体验优化不是企业内某个部门的责任，而是要将全面体验管理体系融入整个企业组织架构，贯穿企业战略层—管理层—执行层的整体战略目标。

第二部分

五大步骤，稳步实现全面体验管理

Total
eXperience
Management

第 3 章

定目标，锁定核心小指标

Total eXperience
Management

全面体验管理不仅是一个系统、一个软件即服务平台，而且是一个品牌着眼于未来的作战体系。该体系涵盖体验设计管理、体验数据管理和体验运营管理。全面体验管理可以通过 5 个步骤依次展开：确定体验目标并拆解体验指标、激活内部体验愿景、搭建体验数智化平台、优化数据与迭代体验、持续跟踪与验证体验。值得注意的是，全面体验管理是首席执行官（CEO）级工程，需要多方协同、自上而下地逐步推动。

顶层设计，着眼顶层作战体系

全面体验管理意味着统筹多用户、多触点的零散体验感知，

是自上而下的事情。

它需要组织中的多元协同，

以战略层、管理层、执行层逐步推动。

战略层，核心牵头 + 搭建顶层设计

有了体验转型的决心后，企业接下来需要将“全面体验”提升到战略高度，由首席体验官（Chief eXperience Officer，CXO）等核心高层管理者牵头搭建体验驱动的顶层设计。

早年小米带火了“粉丝经济”。小米是早期国内用户驱动的典范，至今保持着对用户见解的虔诚。在小米团队中，无论团队成员的职级高低，也无论是否是直接接触用户的团队成员，均十分重视用户。小米有个不成文的“站店”规矩，产品设计团队及高管们都会抽时间到门店与用户互动，夸赞或吐槽，询问或建议，以此来近距离接收用户反馈，门店的负责人会无条件地安排和支持。这源于雷军对早期团队的要求：一是站店面，二是接电话，这后来逐渐延续成小米文化的一部分。

管理层，定制流程 + 方法积累

有了“用户为先”的意识和自上而下的战略方向，企业接下来要按层级逐层重塑流程，并不断迭代匹配企业业务现状的管理方法。在不伤害当前业务模式的前提下，企业将逐步迭代成为以体验为驱动的用户品牌。

条条大路通罗马，但通往罗马的路径是什么，取决于企业所处的位

置。有些企业看似离罗马很近，但需要绕路到马赛走海运才能到达目的地。企业需要考虑不同路径的路况、海拔、天气等。全面体验管理的落地同样需要评估和计划，前人的经验可以参考但并不能完全照搬，企业需要找出能够匹配业务现状的方案。

执行层，搭建平台 + 储备人力

全面体验管理绝非一蹴而就，平台搭建需要有一定的准备工作和人力储备。

金融业是最早将用户体验落实到管理层面的行业。为了精细量化用户体验，招商银行历时数年，从用户视角出发，几经讨论，在内部打通20多个系统，搭建了“风铃”系统。招商银行集中了3万多条埋点数据、1200余项体验指标，这一行动的难度很大。经过一年多的持续迭代，招商银行真正把用户体验变成一种机制和常态化的工作平台。当然，“风铃”系统带来的回报颇丰。据公开数据显示，2020年1月至8月，“风铃”系统共收回调研问卷238万份。“‘风铃’系统实现了对用户声音的及时感知，让用户体验有了巨大提升。”田惠宇说。

虽然不同行业和领域对全面体验管理的认识不同，目标和进展也不尽相同，但不可否认的是，体验管理“全面开花”使品牌有机会后发制人，实现弯道超车。企业如果想要成为体验驱动的用户品牌，关键在于拥抱体验，在面对体验投入、转型阵痛时，依然坚定地将全面体验管理向前推进。

由体验驱动的追求长期价值、实现目标的过程，一定不是一帆风顺的，甚至会经历艰难的抉择。在制定全面体验管理的战略目标后，企业都要以此为锚点，相信体验的价值，面对困难不妥协，面对干扰不迟疑，坚定地推进全面体验管理，相信未来可以收获体验带来的增量和增速。

亚马逊作为电商领域最早践行用户至上的企业，一直以“成为全球最以用户为中心的企业”为目标，这一目标在亚马逊不仅是一句口号，而且是商业决策的依据。Prime 会员是亚马逊推出的付费会员制度，使会员享受退换货免运费等权益，可以看作是“天猫 88VIP”“京东 Plus”会员设计的前身。2011 年前后，亚马逊电话销售团队面对精准目标用户的 Prime 会员转化率只有 5%。值得注意的是，这里面向的是精准的目标用户，这些用户过去一年所花费的运费已经超过会员费用 99 美元，购买会员可以帮助这些用户花更少的钱，获得更优惠的权益和更好的服务，这个转化率应该是比较高的，按照行业惯例应该达到 20% ～ 30%；在具备“优质客服话术 + 一线员工关键绩效指标（KPI）压力”的情况下，该转化率甚至本应达到 40%。

亚马逊是如何看待转化率 5% 这一差强人意的结果的呢？相比这一结果，亚马逊的高层更关心在过去两个月：①有没有“因信息缺失或客服支持不到位，没有买到 Prime 会员”的用户反馈？②有没有因为过度促销，使用户体验和价值受到伤害的投诉？比如用户想电话查询物流情况，但是客服一直推荐 Prime 会员，不及时予以查询；或者用户查看过 Prime 会员的页面后就经常有电话销售进行推荐等情况。亚马逊在回顾了电话录音、与用户的邮件往来、脸书（Facebook）和论坛上的截图后，确定了转化率 5% 的前提是：没有影响和伤害用户感情。如此，高管们非常平静地接受了转化率 5% 这一结果，因为比起转化率数额的高低，亚马逊更关心用户体验是否受损。在这样的价值观导向下，虽然 2011 年 Prime 会员全球目标用户的转化率只有 5% 多一点，但截至 2022 年，北美 85% 的家庭是 Prime 会员。

当在原有的用户框架下，品牌遇到了增长瓶颈，甚至出现了不容忽视的问题，体验驱动一定是值得一试的良方。体验驱动是围绕用户体验旅程展开的，通过数据化的手段，发现用户体验旅程中的问题，包括共性和特性问题，然后着手验证并优化效果。指标体系是全面体验管理的风向标，也是数据化的基石。我们基于用户体验旅程去设计指标体系，围绕指标构建体验数据体系，通过数据驱动全面体验管理体系的运转。

随着指标体系的搭建，全面体验管理体系需要被不断纠偏，如图 3-1 所示。我们肉眼可见两个闭环，一个是数据指标的闭环，一个是优化的闭环，它们共同推动体验数据实现精细化运营增长，全面提升用户生命周期价值（CLV）。

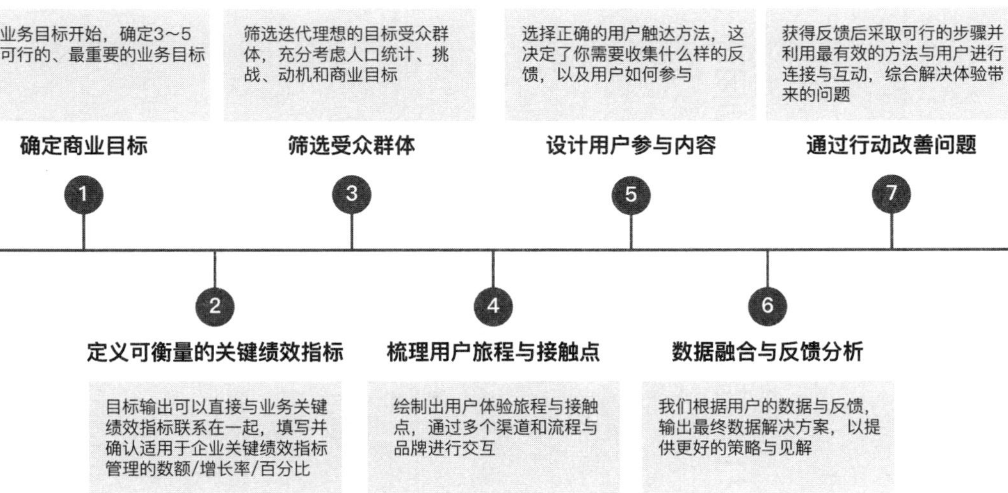

图 3-1　全面体验管理的闭环迭代模型

整个过程可以提炼为5个步骤：定目标，锁定核心小指标；立结构，搭建关键体系；建平台，实现整体数智化管理；塑运营，私域挖掘与新会员系统；落管理，持续跟踪与体验验证。我们接下来将逐一为大家展现全面体验管理的全貌。

拆解目标，打造基于指标的体验驱动闭环

寻根究底，落位关键体验指标，
是实现全面体验管理的第一步。
确立了长远的体验战略目标后，
我们需要有一系列的体验指标来支撑伟大愿景的实现。
企业应该时刻关注体验指标的实现情况，
阶段性地评估体验目标的达成度，避免丢失了初心。
而体验目标与体验指标，
均依托用户体验旅程全面展开。

体验战略是长期的、自上而下的，因此品牌所设定的目标应该是“未来可期的”，既不能遥不可及，又不能近在眼前。比如，“用户满意度达到100%”的目标就过于理想化；“每个老用户带来5个付费用户”这样的目标也不能准确描述体验优化所带来的回报。

企业在制定体验驱动的目标时，需要有什么标准和参照呢？体验目标必须是客观的、长期的和宏观的。体验目标的制定既不能好高骛远，又不能完全依赖于关键绩效指标。

首先，体验目标必须是客观的。体验驱动是增长的助燃剂，但品牌不能脱离实际地制定目标。比如，某品牌的业务模式完全依赖于渠道商，没有构建任何直接面向消费者（DTC）的营销模式，其想要实现“以用户为中心”的品牌转型，无疑是不切实际的，除非其从商业模式上进行变革。

其次，体验目标必须是长期的。拥抱体验的前置条件是认可长期价值，体验目标一定是 3 ～ 5 年乃至 5 ～ 10 年才有机会达成的目标。

最后，体验目标必须是宏观的。企业需要通过体验驱动找到第二增长曲线，成为体验驱动的用户品牌，而不能完全聚焦在业务增速翻倍、营业收入翻倍等具体的业绩目标。

制定一个合理的、有积极意义的体验目标，品牌需要衡量当前的体验现状并预测未来（在不投入体验规划的情况下）的发展趋势。因此，品牌需要基于当前业务现状合理地制定体验驱动的商业目标。

依据体验客观评估，将目标拆解为指标

贝恩咨询公司（Bain）发布过一组数据：80% 的公司认为自己提供了良好的用户体验，但这样认为的用户只有 8%。这样的体验鸿沟，亟须品牌去弥补和跨越。

全面体验管理率先做到的就是填埋品牌与用户感知的鸿沟。全面体验管理基于体验目标，体系化地设计体验管理指标，获取用户真实的体验感知，从而进行客观科学的评估和衡量。

体验目标并不是仅仅依靠口号就能够完美实现的，其背后有着一系列的指标和方法。企业应该围绕“体验驱动”的目标和品牌业务现状，实现核心指标和关联指标的设计，而这些指标潜藏在品牌与用户接触的各个环节中。也就是说，全面体验管理的体验指标体系，是基于用户体验旅程触点设计的。全面体验管理要求在用户旅程中找到关键触点，设立可衡量的指标，从而科学、全面地评估用户体验，并实现体验优化。

全面体验管理遵循“数据指标设计→数据监测→数据分析→行动优化”的闭环应用逻辑（见图 3-2），基于用户体验旅程的指标规划，将体验战略目标逐级拆分，设计为可量化的关键性触点，从而实现全面体验管理的整体规划。

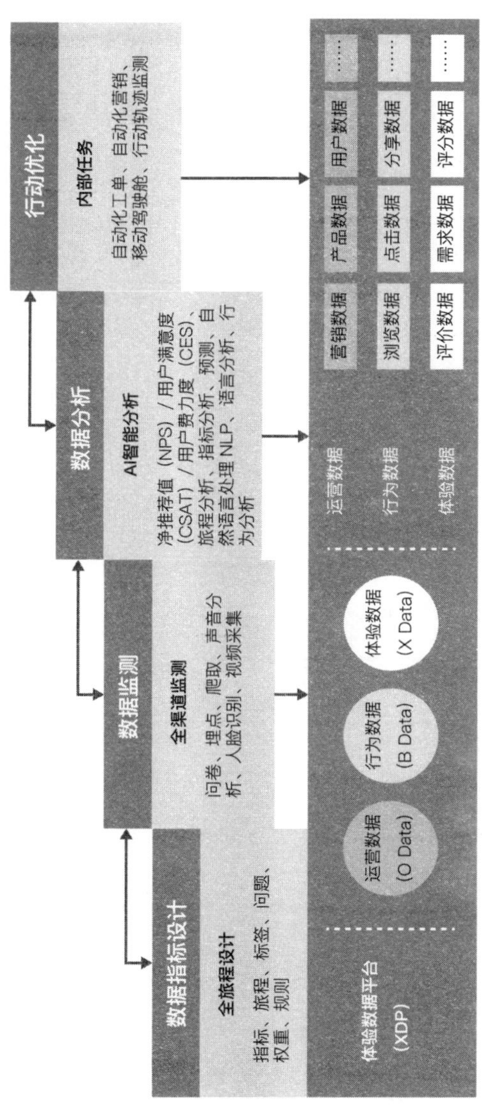

图 3-2　体验管理的闭环应用逻辑

在明确了体验目标之后，我们可以进一步拆解可量化的指标。就像我们在工作中设立目标与关键结果（OKR）一样，企业应该结合目标而将体验指标落到实处，再通过指标衡量和验证体验结果。这样循环迭代、周而复始，一步一步地助力企业成为体验驱动的用户品牌。体验指标一定是可量化的、可分析的、可跟踪的、可复盘的指标，对推动体验战略的落地具有重要作用。关于目标和指标，请参考 OKR 的理论，这里就不过多赘述。

企业要达成商业目标，首先需要结合长期目标对体验指标进行拆分，通过可量化、可分析、可跟踪、可复盘的指标，推动体验战略的落地，最终实现商业成功，如图 3-3 所示。

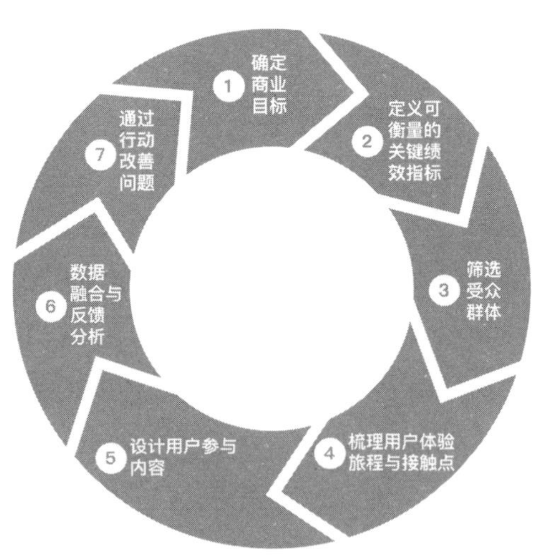

图 3-3 用户体验的闭环管理

体验指标应该如何做到可量化、可分析、可追踪、可复盘呢？这就要从用户体验旅程说起。我们对用户体验旅程都不陌生，但在实际工作中，我们经常将用户体验旅程与业务流程混淆。业务流程是从业务视角进行设计的流程，更关注业务的实现；用户体验旅程是从用户视角进行设计的流程，更关注用户使用。

梳理业务流程与用户体验旅程

基于业务流程获取的数据是客观的经营数据，能够呈现用户的消费结果；基于用户体验旅程获取的体验感知数据是主观数据，能够帮助企业读懂用户心理。相比转化结果，基于用户体验旅程获取的体验感知数据更关注用户在各个旅程节点中的感受和认知，能够挖掘影响用户转化、用户流失的因素。

两个常见的业务流程模型是 AARRR 增长模型和 AIPL 模型。AIPL 模型是“Awareness、Interest、Purchase、Loyalty”的组合，分别代表认知、兴趣、购买、忠诚，是用户从关注到点击再到购买并成为忠实用户的过程。AARRR 模型更为精细化，如前文所述，是由“Acquisition、Activation、Retention、Revenue、Refer”组合而成，分别代表获取、激活、留存、变现、传播的五个阶段。用户每进入下一阶段，都会有一定数量的流失和减少，数量呈现出漏斗的形状。

这两种模型都是我们做精细化用户运营非常重要的转化漏斗模型，各有其合理之处。通过转化模型，我们能够很清楚地知道流量为企业带来了多少用户。这些用户中有多少活跃或留存用户，他们实现了多少付费转化，转化后又能带来多少复购和用户裂变。但在实际应用中，两种模型都迫使品牌在精细化数据的基础上过分地追求转化率，甚至影响和伤害用户体验而不自知。

以理财产品为例，前几年各大平台都在推旗下的 P2P 产品，基于数据化的 AARRR 模型，发现在“激活”环节大有可为。银行卡绑定和首次投资环节与后续用户活跃度和复购率在数据表现上有关联性。为了有更好的运营表现，企业需要提升用户首次投资的转化率。

互联网金融最吸引用户参与的因素，无非是高额的投资回报。当然，现在民众更加理性，更关心资金的安全性了。在第一次接触新的投资平台时，用户普遍是比较谨慎的。为了促进用户的首次投资，P2P 平台会推出“新手包产品”，即具有高额回报（吸引用户参与）、短期理财（快速获得收益，缩短复投周期）、限额抢购特点（紧迫性 + 控制营销成本）的产品。如果用户有过一次该平台的投资经验，并且顺利地拿到收益，便对该平台产生了信赖，用户之后尝试大额、长期项目的意愿也就更高。

平台给到用户高回报的“新手包产品”，是相信能在用户后续投资阶段赚到钱。对用户而言，其了解平台、下载 App、绑卡操作、熟悉

App 流程及切换平台的成本及门槛比较高，因此，在收益率近似的情况下，用户也愿意继续在该平台进行投资。

在“内卷”这个词还没有流行起来的时候，P2P 产品的“内卷”早就已经开始了。各大 P2P 平台争相获取新用户，愿意付出的营销成本也是“一山还比一山高”。恰恰有一批“羊毛党”辗转于各大平台，他们“熟悉首购套路”“有信息探听渠道”“有组织、有计划”，在平台的目标用户还在犹豫的时候，限额抢购的“新手包”就已经被“羊毛党”们瓜分了。他们“薅完羊毛”即走，离开的时候不留下一丝云彩。

当时，P2P 平台非常多，能够支持“羊毛党”辗转腾挪的操作。但 P2P 平台并不了解用户为什么留在该平台上；新用户中有多少与目标用户的画像是匹配的；有多少用户是为“薅羊毛”而来；有多少用户离开是因为产品体验出了问题等。P2P 平台只能哪里出了问题优化哪里，缺乏从全局的用户视角解决问题的能力。

图 3-4 为某个理财产品 App 在应用全面体验管理后在用户评价中提取到的关键信息。智能 AI 系统的情态分析和关键词提取功能可以快速捕捉用户体验中的真实情绪，洞察用户反馈背后的动因。

每个品牌的“爆款”产品都有自己的生命周期，会经历成长期、成熟期和衰退期。当衰退期不可避免地来临的时候，我们要清醒地认识到用户流失的原因，而不一定要追求用户的不流失。

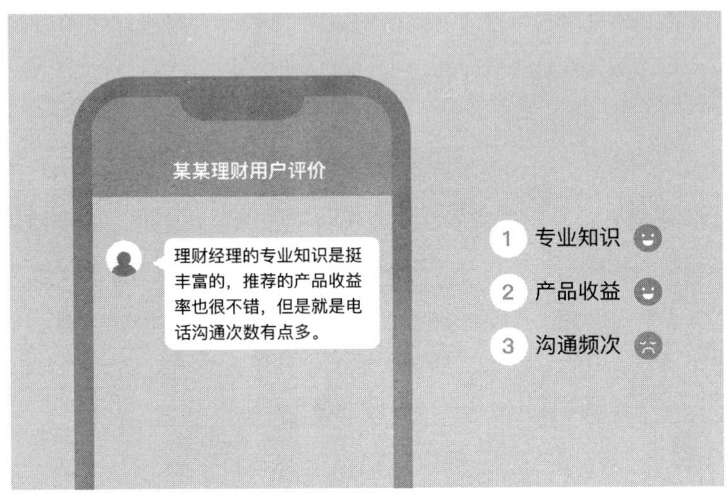

图 3-4　某理财产品用户后台评价

当品牌增长乏力甚至开始出现衰退的时候，企业的第一反应一定是想办法制止衰退。在实际运营中，当用户一段时间没有回购了（疑似流失），一些企业会想办法召回这些用户，给他们发放面额更大的优惠券。这样很可能把有限的福利浪费在了无效的用户身上，虽然我们看到了用户的回购记录，但其实他们已经是流失用户了。

举一个我们身边的例子，有个同事以前是每日优鲜的忠实会员，每周有 2 ～ 3 次的购买频率。后来，他被我“种草”了盒马鲜生，恰好他家附近就有盒马鲜生的门店，他去逛了一次就办了会员卡。盒马鲜生的会员卡是付费制的，用户办了卡以后就想着要“回本儿”。在使用会员卡的过程中，用户就养成了在盒马鲜生购物的习惯。因此，该同事有很长时间都没有再到每日优鲜购买商品了。

每日优鲜和盒马鲜生的货品与服务真的有非常大的差别吗？不一定。所以一开始该同事也会去比价，比如，想吃西瓜了，对比哪个平台的西瓜更便宜；想吃樱桃了，对比哪个平台的樱桃更划算；想吃螃蟹了，对比哪个平台的螃蟹更便宜。但是该同事还是更倾向于使用盒马鲜生，因为盒马鲜生每周都有固定的优惠券。

后来，该同事开始经常性地收到每日优鲜 App 推送的优惠券，但他没有回购。过了一段时间，他收到了每日优鲜客服的电话，询问他此前的购物经历是否愉快。客服得知该同事没有什么不愉快，便说："那我们送您一张满 89 元减 30 元的优惠券，希望您购物愉快！""满 89 元减 30 元"这一折扣力度已经很大了，所以该同事毫不犹豫就用掉了该优惠券，但自此之后他就又回到了盒马鲜生平台进行后续购物。每日优鲜的这个用户唤回动作有意义吗？每日优鲜花了 30 元的营销成本，换来一次老用户的回购，但仍没能制止这个老用户的流失。

我们梳理了该同事的购物旅程，得知了用户流失的真实原因。此前，该同事喜欢在每日优鲜上买水果，也会经常买西瓜、山竹这一类从外表上看不出好坏的水果；如果用户遇到坏果，在每日优鲜的 App 中可以直接提交照片，选择按比例退款。相比于线下生鲜超市，每日优鲜无疑是有保障的。

但该同事有一次在买山竹遇到坏果后，申请退款被拒了。几经沟通后，每日优鲜终于还是退款了。但在该同事眼中，每日优鲜“变味了”。虽然该同事还会习惯性地在每日优鲜上购买商品，但他已经不再是该平台的忠实用户了，直到他被其他平台“带走”。每日优鲜没有收集用户评价吗？没有重视用户反馈吗？其实每日优鲜都做了这些努力，但是忽略了坏果退款这个环节。全面体验管理的规划，就是要避免类似的情况，通过科学的体验指标设计，实时捕捉用户的不愉快体验，甚至自动化地优化体验。

相比 AARRR 模型和 AIPL 模型，在体验经济时代，企业需要有更先进的模型来关注用户的体验：用户关系递进模型[①]，即以关系递进为目标实现用户忠诚度的培养和持续的用户连接。用户关系递进模型是指用户从陌生人到熟人，从熟人到朋友，从朋友到家人的关系递进管理模型。在下文中，我会详细分享基于用户关系递进模型的数字化体验跟踪。

实现分客群旅程管理

面向不同的用户以及处于不同阶段的用户，我们需要提供定制化体验。

---

① 参见作者的《体验思维》，2009 年出版。——编者注

读到这里，我想问你一个问题：你觉得拼多多的用户体验好吗？大概率你会说：“不好，拼多多太低端（low）了。”如果你对拼多多不“上头”，有可能是因为你根本就不是拼多多的目标用户。拼多多为用户提供的是极致的低价体验，利用低价策略打通所有的业务链条，从产品到营销到服务，所有的购物流程和体验，全部都是为低价用户设计的。拼多多的忠诚用户表示“爱死了拼多多的魔性购物体验”。

中国有大量下沉市场的用户，他们十分喜欢这种“只要浏览5分钟，就有可能获得几十元”的体验。今日头条极速版、趣头条、小说阅读等都会设计这样“用钩子吊着用户”的体验。这与以往精品阅读的交互方式和体验感完全不同，其背后的设计逻辑是基于截然不同的用户群体来确定的。

以前的体验管理，更多地针对目标用户，并不断优化特定人群的体验。全面体验管理是否需要把非核心人群的体验统一地管理起来呢？答案是肯定的。缺失了一部分非主流用户的体验感知数据，我们就很难判定主流用户群体与目标用户的匹配度。用户群是会变化的，同一用户也会随着人生阶段的变化而发生变化。非主流用户群体的体验相比主流用户群体的体验，其瓶颈和弊端是什么也就无从探知。这些改变蕴藏着无限的商业机会。全面体验管理是面向不同用户群体、不同用户体验旅程阶段的管理，企业要针对每一用户群体设计最佳体验。

有两位购买额相同的用户：一位用户对超市的满意度非常高，他对价格并不敏感，认为其离家近，食材新鲜；另外一位用户对超市的满意度非常低，他对价格敏感，认为其停车很不方便，且商品价格昂贵。虽然他们有相同的购买额，但是如果该超市用同样的价格促销手段就很难同时实现对这两类用户的消费增长目标。

对于这两类用户，该超市需要制定不同的用户体验旅程和愿景。单一地利用购物频次、客单价等来衡量这两类用户，显然是不够的。当企业无法甄别用户真实的消费动因时，后续的营销效果就会大打折扣。这就是要基于体验来做运营管理的原因。

优化等餐体验有两个方向：一是更快的速度、更少的等待时间；二是分散用户的注意力来缓解等待焦虑。麦当劳属于第一种，竖向排队能够方便用户看到菜单，提前进行点餐，减少了单位点餐时间。星巴克属于第二种。在横向排队的过程中，星巴克通过不断推出的杯子、咖啡豆、咖啡器具等，吸引用户的注意力。横向排队的体验设计并不一定比竖向排队的体验设计更理想，企业要根据其业务和用户需求来决定体验设计。如今，麦当劳和星巴克都推出了线上点餐、取餐的方式，能够方便它们获得用户反馈数据。

用户全面体验管理体系对一个企业的重要性远远高于运营增长技巧。企业需要全局地、可持续地感知用户，自上而下地打通企业战略层、管理层及执行层，使体验指标与组织架构中每一个环节相关联，从用户真实需求出发，实现“千人前面”的运营策略。

善用品牌体验指数，把握核心体验指标

品牌的体验不应压缩到某一个环节，
而是需要用全局视角去规划。
这就意味着，
品牌需要借助可量化、标准化的指标和工具，
衡量用户体验旅程的关键触点，
评判品牌体验在各环节达成的效果。

学习常用的体验指标

如果要衡量用户体验，我们应该关注哪些指标呢？常见的几个体验指标包括用户满意度（CSAT）、净推荐值（NPS）、用户费力度（CES）以及网络口碑（IWOM）等。北极星指标（North Star Metric），也叫作“第一关键指标”（One Metric That Matters），是指在产品的当前阶段与业务或战略相关的绝对核心指标。净推荐值通常被认为是衡量用户体验的北极星指标。

通常来讲，一个核心指标可以拆解为若干细分的二级指标，并进一步拆解为三级指标，层层递进匹配到用户体验旅程中。在用户满意度、净推荐值、用户费力度以及网络口碑中，按使用频率和重要级来排序，用户满

意度无疑是体验指标的基石。

用户满意度

用户满意度用于评估用户在当下的体验感知，也即用户满意度。用户满意度是全面体验管理中使用频率最高的体验指标，每一个用户在每一个节点的满意程度或者体验感知，都可以用用户满意度来去衡量。全旅程的体验感知都可以通过用户满意度来描绘；全渠道的体验评估都可以通过用户满意度来衡量。可以说，用户满意度就是用户的晴雨表。但其缺点在于不够精细，这意味着品牌的用户体验旅程越丰富，业务场景越复杂，凭借用户满意度指标进行衡量的难度就越大。

用户费力度

用户费力度一般用于评估用户退换货的难易程度或者选择商品的难易程度（是否能够快速找到想要的商品），即用户达成所愿的费力程度，并不是综合性指标。

净推荐值

净推荐值[①]一般呈现为阶段性的、较为宏观的指标，被普遍认为是

---

① 净推荐值是 2003 年由贝恩咨询公司用户忠诚度业务创始人弗雷德·赖克哈尔德（Fred Reichheld）提出的，被沿用至今。

用户体验的核心指标，代表用户向他人推荐品牌产品或服务的意愿。净推荐值不仅能体现出用户是否喜欢某产品，而且能体现出喜欢的程度（推荐行为指数）。同时，净推荐值这一指标易于人们理解，学习成本低，能综合性地代表用户对品牌过往印象，因此净推荐值备受推崇。

打造大小数据结合的体验评估模型

如果要选择能够衡量全量用户、全旅程、全渠道的综合体验指标，无论是用户满意度还是净推荐值，都不够合适。那么有没有一个体验指标是适合作为全面体验管理的核心指标呢？我们能否只用一个指标来衡量品牌当前所有的用户体验感知的情况呢？答案是肯定的。我们推出了一套品牌体验指数（BXI），这是一套结合全局体验模型，通过大小数据结合的方式打造的体验评估模型（见图 3-5）。

互联网时代，用户已经形成了在线上进行实时反馈的习惯。企业应该通过记录用户对全局体验的反馈而自发产生的真实语言（不是用户被调研时凭回忆作答的内容，也不是用户被不专业访问员引导作答的内容），以互联网舆情数据作为数据基础，获知更自然、真实的品牌体验。

BXI 是我们基于体验战略框架提出的一个可量化的评估指数，用来衡量品牌体验表现，通过对公域舆情反馈的捕捉及分析，量化用户的体

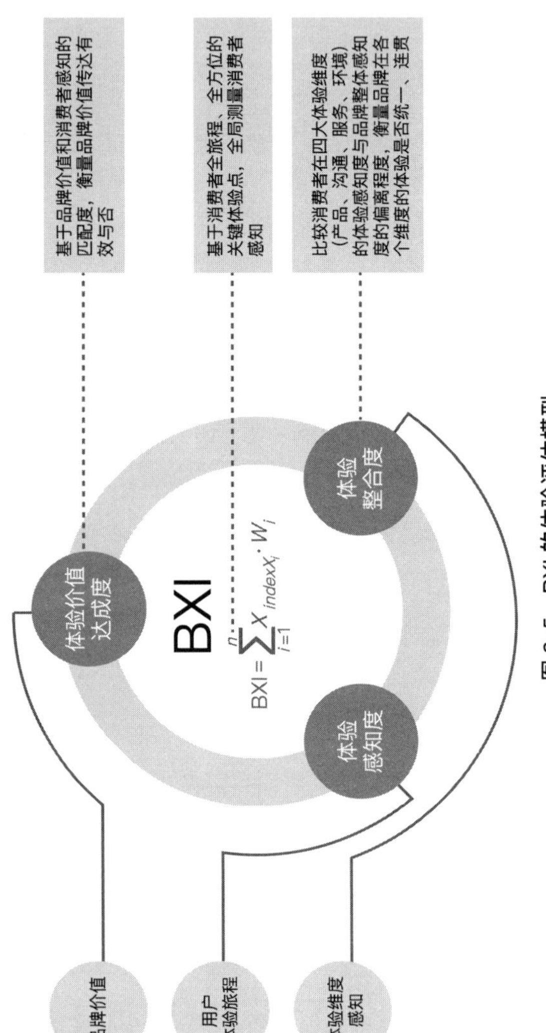

图 3-5　BXI 的体验评估模型

注：W_i 为权重，由研究专家、垂直领域专家、趋势消费者综合评估得出；X 为不同的体验维度。

验感知度、体验整合度、体验价值达成度，综合描述用户对品牌的全局体验感受。

体验管理将用户体验划分为产品、沟通、服务和环境四大洞察维度，通过对全域范围下的体验数据整合分析，从而计算出品牌 BXI 的分值，以清晰准确的数值和可视化的模型图来获取用户视角下的真实感受，帮助品牌定位用户体验环节中的得分点和失分点，掌握体验大局，如图 3-6 所示。

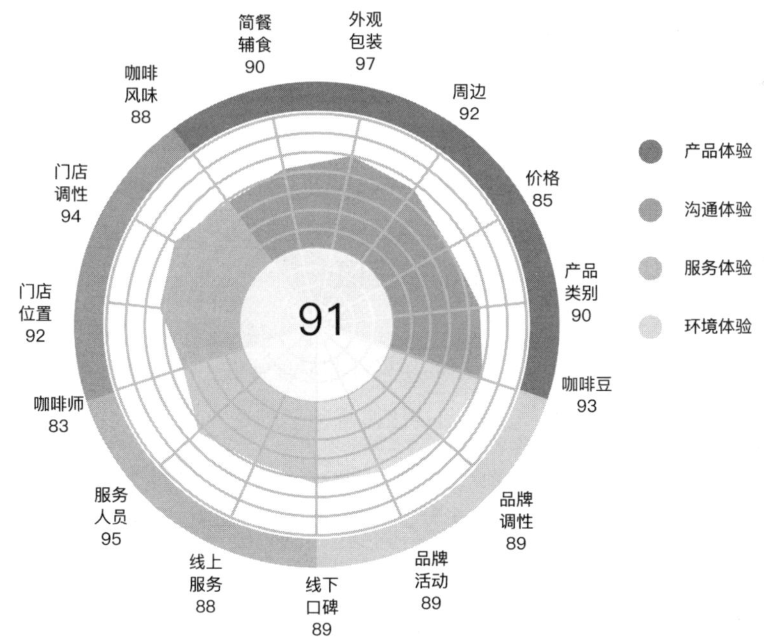

图 3-6　某咖啡品牌的 BXI 分值

BXI 能够帮助企业全盘洞悉用户的真实体验，掌握用户对其产品服务、环境、沟通、产品等多方面的真实感受，并提供各维度的同行业品牌表现对比，明确企业所处的位置，以为其调整体验战略提供有效参考。

BXI 不是一个实时关注用户体验的指标（除非品牌出现突发性的舆情事件），而是一个相对稳定、变化速度缓慢的指标，与用户体验旅程的稳定性相匹配。BXI 是一个长期的战略性指标，建议关注周期以 3 个月到半年为佳。就如同关注全球变暖的问题，不是今天天气变暖了，生态环境就要崩盘了。我们要以年为单位进行关注，衡量每年同期气温变化。我们可以从用户视角出发，利用 BXI 对品牌体验做一次全面体检。

锁定核心指标，不只是净推荐值

净推荐值的优点在于数据的易得性和易理解性。净推荐值数据的获得只需要让用户回答一个问题：您愿意向您的朋友或者同事推荐我们吗？用户只需要在 0 ～ 10 之间打分，推荐者为 9 ～ 10 分、被动满意者为 7 ～ 8 分、贬损者为 0 ～ 6 分，然后品牌只需要将这 11 个分值分为 3 段即可了解当前的用户忠诚度水平（见图 3-7）。

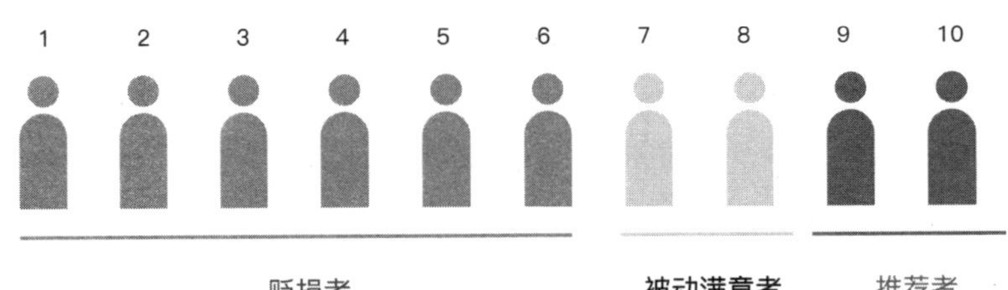

图 3-7　净推荐值计算方法

净推荐值可以作为衡量品牌整体体验的综合型指标，且用户参与简单，因此净推荐值逐渐受到重视。但净推荐值也并非是完美的。

首先，由于数据源的单一性，我们只能在与用户的互动中获得净推荐值数据。其次，受限于获取评分的流程，净推荐值的真实性往往难以保证。比如，你刚做完一次美容，结束的时候，美容师请你帮忙填写一下反馈，你会当面填写不愿意推荐的评分吗？大概率是不会的。极少有用户为净推荐值打 5 分及以下。只有当用户的体验极差时，其打分才会为 0 ～ 5 分。再次，净推荐值缺乏客观性。如图 3-7 所示，净推荐值的计算方式难以确保其结果的客观性，原因在于，在实际操作中，贬损者对净推荐值反馈的参与度远低于推荐者，因此我们很难完全客观地呈现当前的净推荐值水平。最后，净推荐值数据并非是开放数据，无法与竞争产品对比指标的优劣，更适合作为品牌内部体验指标变化的参考。

核心指标应是客观的、能够在行业内进行横向对比的指标，能够衡量用户对品牌体验的认可度。显然，净推荐值不能供品牌作为核心指标使用。家装行业是一个用户满意度和净推荐值都不高的行业，其原因在于大部分业主都是第一次装修，装修所踩过的坑只有在入住之后才能感知，在装修过程中是无法避免的。但是我们在与家装行业品牌交流的时候，很多品牌会认为其用户满意度非常高，能够达到 99.5% 以上，这与现实的情况相悖。我们发现，很多品牌在采集用户满意度时，多在装修现场让业主签字评价，这不得不让我们质疑数据的可靠性。

毫无疑问，净推荐值的提升对新用户增长、用户裂变能起到一定的正向作用，但净推荐值对营业收入指标的关联影响，需要结合全面体验管理体系的运营数据和体验数据，通过长期追踪才能得到答案。所以，我们需要一套能够吸收净推荐值、用户满意度和网络口碑等指标优点的综合评价体系。因此，BXI 的目的就是创造一套通过全局体验综合反馈而获得整体评估的指标。

规划数据互动节点，捕捉指标表现

体验指标理应反映用户的真实感受，

品牌应贴合用户的真实使用场景，

予以更自然的互动环境、更便捷的互动方式，

甚至做到与之无感互动，

才能更多地获取数据，更少地打扰用户。

全面体验管理体系如何才能科学地采集相应的指标数据呢？答案是掌握用户互动的关键节点，获取用户的真实反馈。

在点外卖、打车的过程中，我们经常会看到这样的调研问题：您对司机评价如何？您对外卖员评价如何？您对菜品评价如何？您对商家评价如何？菜的份量是否足够大？送到时饭菜是否是热的？外卖员司机是否跟您礼貌问好？品牌想要精细化地衡量商家、司机、骑手等的表现，这是无可厚非的。但是作为用户，你是否觉得自己被过多地打扰了？企业在做全面体验管理时，首先要保证在推动全面体验管理时用户的体验是良好的。那么这就需要企业在用户体验旅程的触点布局指标“探针”。

平衡“更多地获取数据”与“更少地打扰用户”

用户数据互动的节点规划需要与用户体验旅程的关键触点相一致，与用户的反馈数据指标一一对应。

最早的滴滴打车 App 会有司机和乘客的双向打分系统。为了在乘客端系统里“体面”，司机会像淘宝卖家一样索要好评；为了在司机端系统里“体面”，每个乘客也会配合给司机好评。到后来，滴滴会特意向用户询问：司机是否向您索要了好评？这样的体验管理显然是不科学的。任何一个乘客都不希望自己成为测试服务质量的工具人，那么由此而来的反馈数据，也必然是不科学的。

如今短信已经成为接收验证码的工具，传统短信触达的回收率不足4%。用户主动填写反馈评价的意愿不足，那么如何才能更好地获得用户的反馈呢？互联网企业在体验数据收集方面走在前列。比如，滴滴打车会在用户下车、付费后，在 App 中采集用户的乘车体验反馈。但是滴滴的体验团队发现，用户在下车后忙于上班打卡或者其他事情，根本没有精力参与反馈，尤其是对于绑定自动扣款的用户，其在下车后都没有再打开过滴滴打车 App。

短信的回收率本来就很低，如果错过下车后的时间窗口，用户的反馈意愿就会更低，那么如何才能实时、高效地回收用户乘车的体验反馈呢？在走过弯路、反复尝试之后，如今滴滴打车会于乘客上车后在 App 中进行浮窗式的简短问询，比如司机是否提示系好安全带？车内是否有异味？用户只须轻点“是”或“否”即可完成回答，以此来完成无感式的反馈体验。同时，这套方式也能优化乘客与司机的体验。比如，乘客在夜间打车时，App 会问询是否酒后乘车？车辆行驶过程中如果停留时间过长，App 会问询是否发生危险？这样，滴滴做到了反馈与服务相融合，在提升安全服务的同时，高效收集用户反馈数据。

由此可见，全面体验管理本身应该在设计与优化的过程中通过长期的积累，衍生出面向不同用户的定制化体验。

旅程数据互动环节的设计锦囊

旅程数据互动环节的设计大原则如下：用户互动数据收集应该是沟通环节中的一部分，而不仅仅是单向让用户做图灵测试，这里有 3 个旅程数据互动环节的设计锦囊。

锦囊 1，体验反馈与权利感

在关键服务节点的体验问询，会赋予用户“得到评价权利”的体验，这样能在用户发起投诉之前，或者在造成公域口碑舆情影响之前，提前让用户发泄不满。比如，用户在餐厅用餐时，如果主厨出来与他们互动，询问一下菜品的情况，并且给予专业的用餐搭配建议，用户便会得到“被重视”的体验。用户不满的情绪在这一环节可以得到实时的关注，企业可以将用户的不满情绪化解到可控的范围内。企业能够感知到用户体验不畅，恰恰是提高用户忠诚度的关键节点。值得注意的是，我们提供给用户评价权利的时候，也应该使用户感知到他的意见被重视和认可。

有一次我在一个还比较高端的烤肉店就餐，服务员在点餐时介绍了一遍不同部位的牛肉以及不同的蘸料，后面就专注烤肉了。什么肉匹配什么蘸料，全靠我自己尝试。服务员也答不上来这些问题。

这家店的设计、装修、位置、服务员的气质等方面，都高于行业平均水准，肉类的新鲜度、摆盘、食材也属上乘。但从口感、酱料与肉质的搭配来讲，我并没有获得一次很愉快的体验。这些只是中规中矩的体验。但接下来与主厨的互动，让我觉得主厨很好沟通。临近就餐结束时，主厨出来与用户交流，询问我们就餐的情况，我也如实向他表达了由蘸料引发的困扰，包括觉得酱料有点儿咸。主厨向我解答疑惑之后，我不开心的情绪已经得到了缓解。如果主厨只做到这一步，那么我会觉得没有从这家店得到很好的体验，我下次会换一家店就餐，但不会向朋友去讲这家店有什么不好。

然而，这家店的主厨在听了我的反馈之后，接下来又做了三件事：①送了我们两杯鲜榨西瓜汁，稍微缓解口味偏咸的问题；②很真诚地感谢我提出了一个此前被这家店忽视的问题，主厨提到会增加说明适配酱料的环节，加强店员的培训，并表示下次我再来时，他将亲自为我讲解；③引导我注册了微信会员，并赠送了 200 元的储值金额，这是储值卡，而不是优惠券，没有使用门槛限制。

像我这样具有丰富体验设计经验、见惯了各种营销套路的业内人士，也不由得为他的服务意识点赞。两杯西瓜汁和 200 元的储值卡对我而言并非特别具有吸引力的优惠，但他给了如此真诚的反馈之后，我忽然觉得其实这家店的食物味道也不差，一定是我蘸料用得不对。再加上主厨的亲自服务承诺和储值余额，大家猜我下次还会不会去这家店呢？

果然，在我下一次来到这家店并点完餐后，主厨就来打招呼了，当着我的朋友，跟我说黄先生您好，很高兴能再次见到您，并全程为我服务。他很详细地告诉我们每种肉的部位、脂肪含量高低、什么部位的肉配什么蘸料能带来什么样的口感、怎样搭配才能使口感更有层次。

这一次就餐体验不仅让我觉得味道不错，而且让我学到了知识。在交流的过程中，主厨记下了我的口味，最后还送了我果盘，并且告诉我以后每次我来都会有专属的礼遇果盘。我差这份水果吗？我不差的。他不知道我是黄峰，不知道我是做全面体验管理的，但是他记住了我叫黄峰，并为我提供了个性化的服务，这让我感到非常愉快。如果这时候他想了解我的就餐体验，我愿不愿意告诉他呢？答案是肯定的，我甚至愿意用我的专业技能来支持他。

后来这家店已经成为我约朋友吃烤肉的定点场所了。我不太爱吃烤肉，但是提到烤肉我就会想到这家店，甚至特意把朋友约到这家店来。不管主厨在不在，服务员都能记住我的口味，并会跟我打招呼。这种朋友式的沟通，让我每一次都愿意跟这位主厨有更好的互动，并且我都愿意主动告诉他我的想法。

锦囊 2，体验反馈与成长体系

在前面的例子中，我是不是已经成为这家店的品牌体验官了？显然是的。在受到重视之后，用户会更积极、更有意愿地参与产品和服务的反馈。与主厨的熟识，应该会让消费者倍感亲切，同时更愿意向身边的朋友推荐。

当然，根据用户关系递进模型，能够成为像朋友和家人的用户是极少的。这家店的会员系统能记录每一位用户的喜好和反馈，比如口味偏好、敏感程度、交流意愿、用户每次的评价以及此前服务过他的店员和主厨。一位主厨每天认识这么多人，他如何才能记住每一位用户的名字呢？这位主厨能记住此前的承诺，能记住用户的偏好，背后一定有强大的系统来记录与用户互动的数据。

图 3-8 为某大型美容服务品牌对线下活动的规划框架，我们可以看到，品牌的活动策划完全从用户视角出发，借助数字化信息手段，对每一个用户的信息进行了全面采集留存。

服务型的高端品牌想要记住用户的名字和喜好依赖于销售顾问。比如，美容院的每一个美容顾问都能记住用户的肤质、喜好、做过哪些项目等；都能记住用户爱喝什么茶，用户洗头时喜欢水热一些还是温一些；都能记住用户是在服务的过程中愿意多聊天儿还是喜欢安静地接受服务。

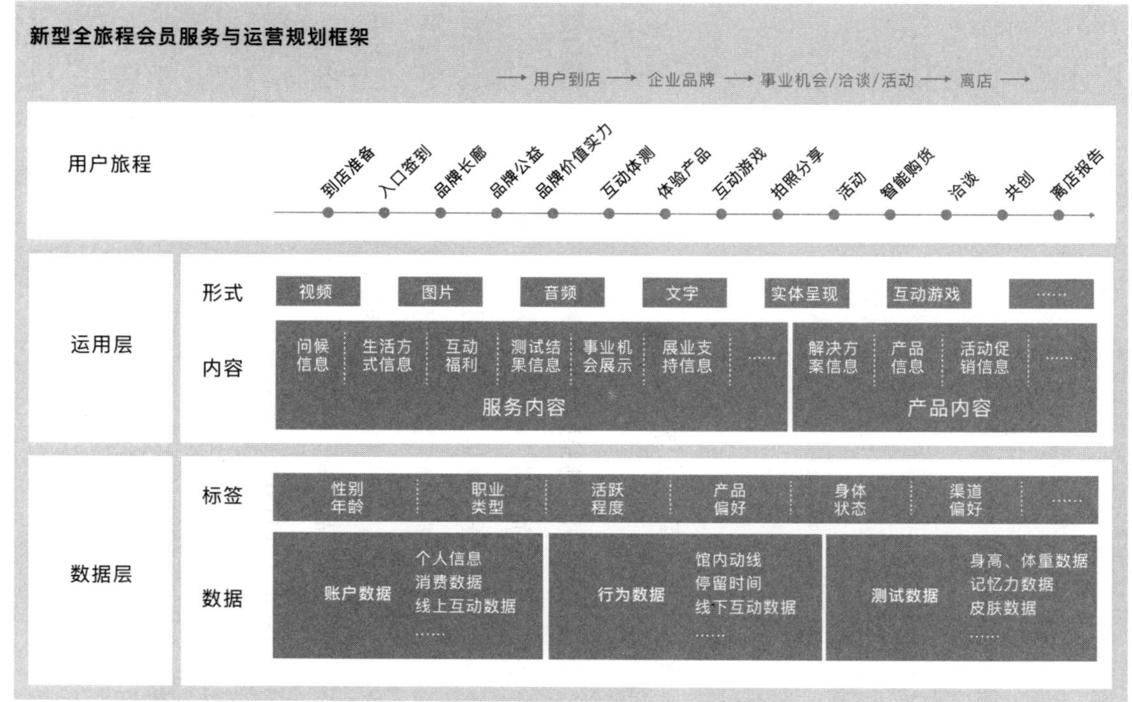

图 3-8　某美容服务型品牌线下活动规则

以前，这些体验信息都是靠美容顾问记住的，企业没有形成数字化的管理。美发沙龙、美容院、服装店等，都依赖于人情关系服务。一旦员工离职，就会带着一批用户离开。

餐饮企业仅仅依靠大量的人力来维护用户体验，显然是不现实的，那么餐饮企业就需要好的“体验设计 + 数据系统”作为支撑，在每一次用户互动的过程中不断沉淀用户数据，从而为服务人员进行高效的、个性化的用户互动提供支持。

锦囊 3，活用免打扰体验数据

公域数据是获取用户体验感知的有效方式，品牌可通过网络口碑进行体验分析并进行竞品比对，从而洞察体验指标的优点和缺点，有针对性地评估与竞品的差异，在尽量不打扰用户的前提下优化体验。我们在与传统的医疗行业用户交流时发现，它们基于公域数据分析已经看到用户体验感知不理想了，但是并不了解不理想到什么程度。此时，应该优先分析公域数据中产品体验、服务体验、沟通体验和环境体验的现状，结合以往的评论、评价数据分析，将用户体验优化置于行业平均值之上，再进一步构建用户的互动体系。

当品牌的用户体验低于行业均值时，一头扎进对全面体验管理系统的搭建，反倒会加深用户对不愉快体验的印象。我们在平台中内置了一套算法模型，结合公域数据不同渠道的权重，拆解用户评价并聚类到产品体验、服务体验、沟通体验和环境体验的体验维度中，提炼体验指标，进行综合性的评估并提出体验优化方向。

指标数据收集是体验设计优化的一部分，同样需要遵循体验驱动的原则。每一个能为用户体验带来大提升的小优化，都是来自对用户的理解和洞察，站在用户的角度，为用户创造价值。在第 4 章中，我们将一起完成全面体验管理的关键体系搭建，并呈现如何权衡体验指标与组织架构的关系。

全面体验管理箴言

- 将商业目标拆解为不同用户体验旅程中的关键性指标，是品牌实现全面体验管理的第一步。
- 品牌需要巧用品牌体验指数（BXI），既完善品牌的横向视角，又延伸纵向体验感知深度，对用户体验进行全局视角下的量化、衡量，评估品牌理想体验与用户真实体验的偏差度。
- 品牌应在“更多地获取数据”与“更少地打扰用户”两个目标间达到平衡，采用更自然的互动方式，赋予用户被倾听的权利感，并充分运用免打扰的体验数据。
- 体验指标不是一成不变的，而是随着用户体验路径的变化而不断调整的，品牌通过对不同指标下的数据互相验证补充，最终能形成一套可动态迭代的体验指标闭环逻辑。

第 4 章

立结构，搭建关键体系

Total eXperience

Management

全面体验管理的指标既包括覆盖全旅程的体验指标，又包括与企业内部体验相关的指标。对企业来说，管理产品或服务的附加价值，是企业全面体验管理体系的一部分。在明确全面体验管理的目标之后，我们再来讨论如何对原本的管理体系进行升级。

建立内外拉通的全面体验管理体系

建立“权责利”体系，
是企业激活全面体验管理的内在驱动力。
企业应该以“权”制定感知用户体验的规则；
以“责”明确不同部门在体验管理中的职责；
以“利”强化每位员工的体验意识，
建立内外拉通的全面体验管理体系。

当下，全面体验管理已经成为企业持续性提供差异化、高价值竞争产品的主要工具，能够帮助企业实现用户关系的有效优化和价值扩展，将明确的商业目标分解为具体的体验指标，提出具体场景下关键路径的规划。这些场景不仅包括外部环境中的用户体验场景，而且包括企业组织架构下的内部场景。

在传统的商业模式中，企业的商业目标永远都聚焦在交易数据上。企业先制定月 / 季度的整体目标，比如要实现一亿元的营业收入，然后将这个整体目标具体到企业内各个部门的职责里。品牌部需要加大宣传力度，扩大用户群体触达范围，力争让每个上网的网友都能听说我们的品牌；市场部需要策划传播活动，完成线上活动新增用户 ×× 人，获取潜在用户线索 ×× 条，成功转化 ×× 人，按照漏斗模型最终预期成交 ×× 元等目标；对于销售部来说，每位销售人员身上背负的业绩指标是 ×× 元，意向用户成交 ×× 元，会员用户复购成交 ×× 元。随后，每位员工便开始行动了。销售开始联系用户，如电话回访、上门拜访；市场部的员工忙得像个陀螺，开始连续策划活动，争取把品牌宣传覆盖的用户全部拿下。整个公司快速运转起来，但是能实现商业目标吗？

缺乏用户视角的业务驱动是盲目且短视的。在整个业务推进流程中，没有任何一个环节是为用户负责的。哪怕是直面用户的市场部，在业务指标的压力下，也只会考虑这次活动的用户关注度高不高，能不能达到活动效果最大化，整个 KPI 指标体系只与用户的最终交易数据挂钩。虽然优惠、促销等营销手段可能会带来短期商业的成功，但最终只能吸引一次性的“羊毛党”用户，制造一次品牌与用户的“露水情缘”，甚至很可能会出现因为营销转化过于激进，而折损用户体验，造成用户流失。业务场景中的不良体验，将长期影响用户忠诚度。

对于企业员工来说，他们各自的 KPI 也都是面向交易层面的拆分。KPI 的压力让他们很难与用户产生任何情感或者认知的共鸣，每位员工都在推进漏斗转化流程，但是忽略了用户体验对于完成转化的关键作用。成功与否全凭“漏斗的大小”和“筛网的粗细”，整个过程充满着不确定性，KPI 就好像是“薛定谔的猫”，看起来能完成，但似乎又很难做到。

因此，全面体验管理体系并非只是停留在体验思维层面的管理逻辑，而是包括企业文化和企业职能体系的完整体系。全面体验管理体系融合了企业外部业务和内部管理，能够帮助企业实现全面体验管理。

现阶段，绝大多数的传统企业还没有成熟的全面体验管理体系，更多是“头痛医头，脚痛医脚”，利用“补丁”的方法处理问题。当业绩下滑时，企业会马上督促销售部门的员工提高沟通效率，制定一系列的 KPI 考核标准，理想地细化整体指标，但是忽略了业绩下滑的原因分析。业绩下滑的原因可能是产品品控出现了问题，或者售前服务接待流程不合理。单纯地将业绩指标与销售部门关联，无异于是抱枝拾叶，企业管理者成了“救火队长”，疲于奔波却收效甚微。

企业内部的全面体验管理体系一定是内外拉通、自上而下的。企业应该建立起以体验为核心的企业文化，将传统的营销思维转化为体验思维，以满足用户的主观需求或想法，并将其作为企业战略目标的指向标。

实现全面体验管理体系的逐级落地

全面体验管理体系的实施效率，
与企业价值观及心智成熟度息息相关。
对很多行业而言，全面体验管理仍是新物种，
大多数员工尚未形成体验思维。
企业须利用好“权责利”体系，
打造体验文化，敦促企业上下齐头并进。

管理并非一日之功，企业内部组织架构的复杂性与企业决策人对全面体验管理的接受程度是影响全面体验管理体系落地效率的主要因素，全面体验管理体系与企业管理的共生状态决定了体验战略一定也是自上而下的。客观来说，全面体验管理严格遵循金字塔模型，如图 4-1 所示。在企业组织内部，处于金字塔顶端的决策者决定着整个公司体验文化的培养程度，当决策者充分认同并推动体验变革时，中间层的管理者和底层的执行者才能真正将全面体验管理模型的落到实处。

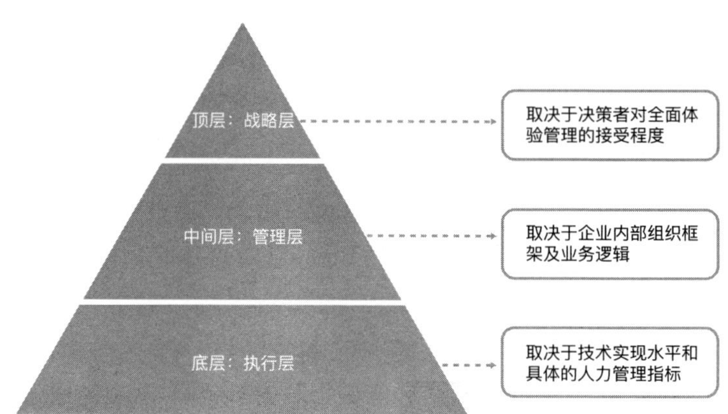

图 4-1　全面体验管理体系的金字塔模型

就国内的商业环境来看，市场对于全面体验管理的接受程度已经有了很大的提升，众多新消费品牌的强势崛起为传统品牌带来了危机预警。新消费品牌所拥有的高用户黏性和高吸引力正是传统品牌所不具备的。

很多传统行业的头部品牌很早就开始做体验战略布局。在以地产、保险、医疗等为代表的传统生活服务类行业，复杂的用户体验和烦琐的业务链条是造成企业体验战略转型进程缓慢的客观因素，对于这些企业来说，坚持全面体验管理的长期主义战略是企业发展的内在驱动力。

从运营角度看，影响全面体验管理体系的三个基本要素分别是：企业组织架构的复杂性、业务场景的关联性以及用户群体的特征（见图 4-2）。其中，企业组织架构的复杂性和业务场景的关联性影响着全面体验管理体系与企业内部组织架构的融合进度，架构越复杂、业务线越丰富的企业在全面体验管理体系搭建时用时也越长。

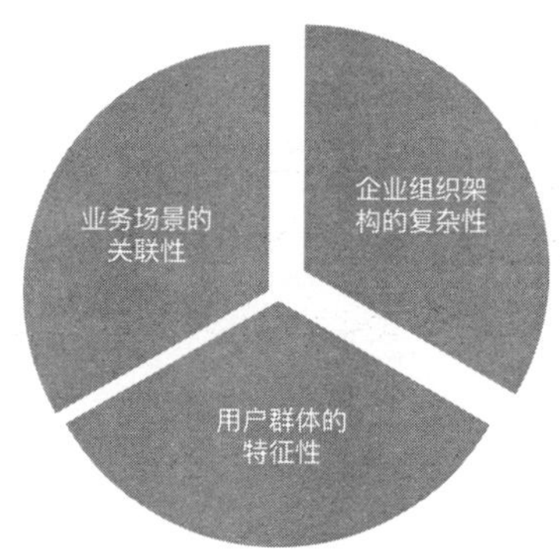

图 4-2 影响企业体验管理体系搭建的三个基本要素

我们在与一些头部企业总裁的交流过程中发现，企业对于体验文化的变革还存在一些认知误区。很多企业决策者非常看重中短期的收益，因此，企业在进行全面体验管理转型时，往往很难跨过全面体验管理的深水区，很多业务推行到一半就推不下去了。

我们曾经接触过一个银行客户，他最开始兴冲冲地推进全面体验管理，积极配合业务流程由线下到线上的重心迁移，时刻盯着用户数据管理后台；后来发现这几个月的后台用户体量并没有太大的变化，于是推进全面体验管理的热情就降低了。

市场中绝大多数企业决策人仍然欠缺对于全面体验管理的长期认知。很多企业搁浅在全面体验管理体系的搭建过程中，没有持续推动下去的动力。从表面看，这些企业好像节省了资金，没有造成“浪费”，但在长期竞争中，这些企业一定会落后于其他持续做全面体验管理的企业的。

招商银行的体验数字化战略进程长达30年之久。招商银行用持续性的全面体验管理思维驱动产品创新优化，花几年时间实现了业务数字化迁移，领跑行业内其他企业；率先完成数字化能力整合以及线上零售金融业务拓展，形成了强大的零售综合竞争实力。如果没有坚定的体验优化意愿，没有从一而终的全面体验管理意识，招商银行是很难成功的。

体验驱动的企业战略需要形成自上而下的内部通路，结合企业内部业务流程匹配相关管理机制，激活企业的活力。企业应该从内部流程切入，打破以往对于全面体验管理的固有观念。全面体验管理不是某个部门的任务，而是基于全面体验管理目标的整体规划，需要重新规划用户与品牌产生互动的触达空间，要完成基于用户体验旅程的相关性指标管理，实现企业战略目标到全面体验管理体系的多级拆分，打通战略层—管理层—执行层，形成贯穿企业整体的价值链。

我们曾经与某金融服务公司合作，以提升其知名度和影响力为目标，帮助其进行品牌体验的整体升级。在全面体验管理体系搭建过程中，我们发现该公司虽然做了数字化App，完成了线下业务到线上业务的迁移，但是始终没有一个部门对线上产品体验最终负责。该公司的业务部门只负责提需求，产品部门只负责完成需求，该公司对于用户视角下的体验需求却毫不重视。

在整个数字化过程中，该公司没有一个部门从整体用户体验的角度出发，去衡量产品为用户提供了什么价值，也没有量化用户体验的考核指标。这都导致了该公司的 App 在功能设计和交互设计的逻辑混乱。很多用户对该公司的第一印象不好，该公司也很难吸引年轻用户。可以说，该公司的内部责任划分不明确，每个部门各忙各的，没有形成合力，产品迭代困难。

体验驱动的企业组织机构变革需要协同企业内部各个部门齐头并进，提高用户反馈的效率，实现从体验文化到体验“权责利”体系的落地。

企业应该以“权”助力体验核心驱动部门，打造体验战略的第一道用户洞察防线。用户体验部门、服务部门应该将流程进行协同管理，将业务从本部门辐射至整个全面体验管理体系，保证用户体验感知的时效性，在第一时间察觉用户的异常情绪或不良体验，抓住挽回用户的最佳时间，减少用户流失。

企业应该以“责”落地全面体验管理行动标准，全力维护用户的一致性体验。企业需要纠正用户真实体验旅程与理想旅程的偏差，将用户体验指标落实到企业内部业务流程中的相关责任人身上，提高用户体验预警风险响应速度，实时追踪用户体验旅程中的情绪波动，制定标准化的用户反馈机制。

企业应该以“利”激发员工体验意识，打造根植于组织架构的体验文化。企业需要为员工打造愉悦的办公环境，将全面体验管理由内向外地进行渗透，引导员工主动投入感情去理解用户需求，从用户视角提供服务，完成正向、积极体验的循环传递。

基于“权责利”组织变革模型，我们可以讨论如下问题：

- 权。全面体验管理体系的内部推动形式是什么？由谁负责？
- 责。全面体验管理体系内的指标如何落实？内部指标反弹后应该怎么办？
- 利。员工体验管理应该怎么做？是不是只有涨薪一种方式？

全面体验管理并不是一蹴而就的事情，需要综合企业业务流程和内部组织架构进行考虑。也正因为如此，全面体验管理的第一步就是需要明确核心责任部门，即率先进行体验变革的小组。图 4-3 是我们在为某个品牌做内部体验管理时所绘制的体验变革小组架构。该体验变革小组由组长牵头，联动企业内不同部门岗位的人组成，保证小组组长的权责级别，既能有效缩短企业业务梳理的时间，又能快速带动整个企业进行变革，帮助全面体验管理体系快速落地。

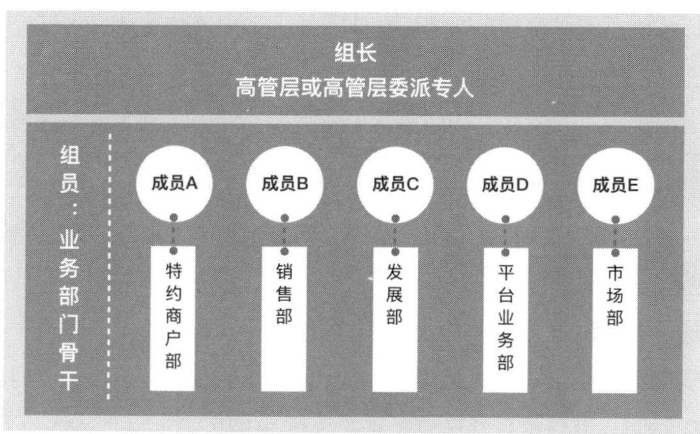

图 4-3 体验变革小组架构

企业需要基于体验指标的相关性明确核心责任部门。比如，企业在做整体品牌体验优化时，通常由战略部门牵头，协同企业内部其他部门共同搭建轻型全面体验管理体系，推动并促成全面体验管理的后续执行。体验变革小组通过对用户旅程中体验指标与企业业务指标的一对一拆解来制定体验优化策略，并推动组织变革的完成。值得注意的是，体验变革小组的设立必须遵循两个大原则：顶层发起和骨干带头。顶层发起的意义在于保证体验变革小组的职级优先性，骨干成员的加入能够帮助体验变革小组快速摸清业务逻辑中的关键节点，减少体验变革前的工作量。

在全面体验管理体系的推进过程中，难免会出现因体验指标设计不合理而导致的内部反弹。对于这个问题，我们首先要明确一个原则：先证明体验指标价值，后进行考核。体验变革小组的人员配置比例，并不能保证每位小组成员都足够了解企业业务。当出现相关体验指标价值失衡时，相应的责任部门很容易出现反弹，这也是推进内部体验变革的常见阻碍因素之一。因此，体验变革小组的行动逻辑模型需要遵循指标分析、价值论证、主动负责三项推进原则。在设计体验指标之前，企业内部需要统一关于相关业务的指标认识，充分论证业务流程中关键性体验指标的价值，明确相关指标对整体业务的助推作用，引起相关责任部门的重视，引导相关责任人主动负责。同时，体验变革小组要严格限制体验考核指标数量，尽量以更高维度指标作为体验指标，给予各部门调整及分配空间，避免给日常经营带来过大的短期压力。以产品体验为例，体验变革小组在设计体验指标时，针对产品的业务模型将用户画像定义为企业用户与个人用户，针对产品体验优化的一级指标进行了二次拆分，同时保证了每个相关责任部门的体验指标数量在同一量级，如图 4-4 所示。相对均衡的指标划分更容易被责任部门所接受。

培养企业员工的服务基因

员工的体验意识，

是“权责利”体系的最后一步，

也是全面体验管理体系形成的关键性因素。

没有员工自主自发的体验维护，

企业的“权责利”体系是不可能落地的。

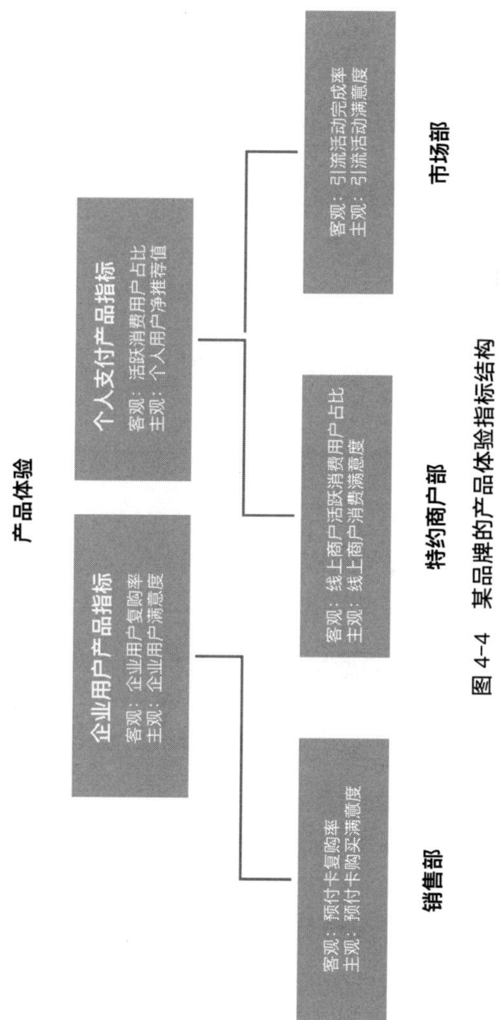

图 4-4　某品牌的产品体验指标结构

员工的体验意识是驱动员工主动服务的根本原因。

企业要激发员工的体验意识，应考虑三个关键因素：金钱、文化、自我价值实现。“上下同欲者胜”，企业架构模型中的执行层人员作为品牌对外输出的具体责任人，对于体验文化的认同感至关重要。

如果企业花了大量资金引进新技术、开发新产品，但是在提升员工体验方面的投入却少之又少，这样便很难激发员工的体验意识。《商业秀》(*All Business Is Show Business*)的作者斯科特·麦克凯恩（Scott McKain）曾指出：“员工和客户一样，都是人，他们跟客户一样有与企业沟通的意愿，当企业所具备的某些特征正好满足他们的需求时，自然会激发员工对企业的高度认同。”

体验激励设计的三项原则

体验激励设计的三项原则是根据马斯洛需求层次模型演化而来的，能够满足企业员工从功能层到精神层再到价值层的体验需求，如图 4-5 所示。

在功能层，企业可选用物质激励方式，让员工的薪资或晋升与体验指标挂钩，提供与体验成果匹配的物质激励。

激励基础	兼顾物质与精神层面
激励范围	以局部代整体
激励路径	从短期到长期

图 4-5　体验激励设计的三项原则

在精神层，企业可选用心理激励方式，进行有仪式感的职能授权，培养员工的体验价值意识，提高员工的体验技能，在员工群体内形成以少带多的个体扩散效应。

在文化层，企业可持续强调以体验文化为核心的整体价值观，建立关于体验文化的共识，积极鼓励体验意识高的员工参与公司文化宣传，以体验变革作为体验文化激励的起点，坚定长期的体验传播方向。

随着员工个体化体验的期待值升高以及就业市场中的人才越发缺乏，企业需要提升员工体验来保持竞争力，这已经成为国内外头部公司的共同意识。优化员工体验是提高员工投入产出比的有效措施。企业上下高度一致的体验共识是凝聚企业创造力的有力保障。

打造持续优化的闭环管理体系

全面体验管理是动态的，
随着用户感知的变化而实时变化。
品牌基于可迭代的体验指标，
持续优化全面体验管理体系，
是保障全面体验管理体系效力的关键环节。

从根本意义上来讲，全面体验管理的本质是精细化管理用户的全旅程体验，在用户与品牌产生互动的整体空间内，规划出完整的用户体验旅程，建立起内外拉通的全面体验管理体系；通过追踪用户体验旅程中的关键节点来量化用户体验数据，感知用户旅程中的不良体验；匹配全面体验管理体系内的相关性指标，识别可优化的节点；聚焦关键体验并持续数据追踪优化效果，打造一套闭环管理体系。

全面体验管理不能一日达成，需要逐步拓展体验管理体系的空间范围，完善不同旅程中的关键性体验指标，结合不同阶段的体验提升策略进行体验指标的闭环优化和整个体验管理体系的迭代优化（见图 4-6）。从用户旅程的角度来说，关键性体验指标并不是一成不变的，而是随着业务流程的优化而同步变化的。企业需要通过持续收集部门的实际数据反馈，进行指标体系的小迭代，进而实现整个行动闭环的大迭代。

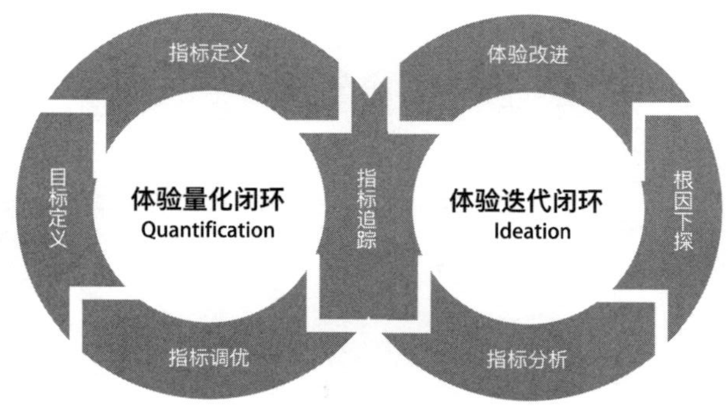

图 4-6　体验管理的双轮驱动模型

企业的体验指标并不是一套标准模版，需要企业在流程推进环节不断衡量体验指标与自身业务的贴合度，根据实际情况完成体验指标的调整。

某直销公司在搭建内部的全面体验管理体系时，将核心指标定为：提升产品的净推荐值，结合内部组织架构拆分出不同部门的体验指标。但是，该公司在数据分析方面出现了两级分化现象，销售部门提交的体验数据中净推荐值几乎接近满分。但是这并不代表产品已经足够优秀了，而是因为该指标在前期设定时就存在不合理的情况。对于直销公司来说，提高产品销量就是销售部门的核心业务。虽然销售人员对产品有所不满，但仍旧会持续推荐，这也就导致了体验回收数据的重大偏差。

很多企业对于全面体验管理都有一个错误的认知，认为企业应用了全面体验管理就一劳永逸了，开始只关注用户体验数据的波动而忽略了整个体验管理体系的迭代。这一情况在传统行业内比较常见。很多传统的销售公司大多从线下业务发展而来，为了迎合互联网流量红利时代，开始进行线上业务的大规模整合。但是，这些公司在最初建立全面体验管理体系时，对于体验指标的规划都集中在线下门店；在公司展开线上业务后，没有及时地完成线上体验管理体系的搭建，从而出现线上渠道的体验指标无人负责的情况，最终导致线上业务增长乏力，整体业绩呈下滑趋势。

最后跟大家分享一个钟薛高在打造全面体验管理体系时的故事。作为近两年崛起的新品牌代表，钟薛高带给用户的体验始终是让人惊喜的。产品的国风设计、高级的审美为钟薛高带来了第一波“颜值粉”，同时，钟薛高对雪糕原材料的苛刻要求也为用户带来了更高的品质安全感，但最令人惊喜的就是钟薛高在快递运输及售后服务方面做出的努力。

运输损耗一直都是阻碍冰品类产品线上销售的关键因素，企业既要保证运输过程中的低温环境，又要兼顾冰品易碎易断的产品特性。为了解决这个问题，钟薛高在运输过程中采用“仓储式保温箱 + 冰包”的双保险运输策略，同时搭配大量散碎的干冰，保证箱体里均匀的低温环境。这样不仅有效减少了雪糕产品在运输过程中的损耗，而且把品牌对产品品质的坚持传递给用户。

钟薛高的包装材料是可以二次利用的，大多数家庭会把保温箱留下来作为短途出行的临时储存箱。冰包也可以直接放进冰箱，避免出现雪糕口味与冰箱内其他食物的串味问题。对于这一阶段的钟薛高来说，全面体验管理体系的指标集中在产品包装、运输的场景中；与用户发生体验交互的场景通常在售前阶段和售中阶段。解读用户对雪糕的口味要求和解决产品运输过程中的痛点问题是钟薛高在第一阶段主要关注的体验指标。

当品牌增长趋于稳定且用户口碑持续上升时，想要进一步扩大品牌在用户群体内的口碑效应，就需要将用户在售后阶段的旅程纳入品牌的全面体验管理体系内。

“用户对品牌的整体满意度如何？”“用户是否愿意将钟薛高推荐给其他用户？”“有多少用户在线上浏览阶段流失了？”“有多少用户到了付款阶段却没有下单？原因是什么？”钟薛高一开始的体验管理体系内并没有相应的体验指标去衡量这些问题，但是随着时间的推移，钟薛高意识到需要通过更细分维度的体验指标来补充对用户的理解，完整体验指标的闭环优化管理体系和整个体验管理体系的迭代。

钟薛高结合售后部门的反馈及相关用户体验数据，对售后阶段的用户体验旅程进行再次升级，优化每一位用户在售后阶段的体验，强化品牌的价值传递。对于售后部门来说，初级阶段体验指标的目标在于保证用户售后体验的顺畅。“除了贵，哪里都好”是用户对钟薛高的主流评价。在钟薛高的电商平台上，用户对钟薛高整个购买旅程的体验评价都非常高，一些因为偶然因素出现的冰品损坏问题并没有成为钟薛高的绊脚石，反而成为其强化用户心智的一次体验升级服务。

当一些用户遇到了雪糕折断问题并反馈到售后客服后，钟薛高都会第一时间进行回复。钟薛高的回应速度快，问题解决效率高，还会专门给用户寄送定制的道歉礼盒，成功地将用户的一次冰点体验扭转为惊喜体验，挽回流失用户。不论这位用户是否会再次回购，都不会影响品牌在用户群体的口碑传播。

全面体验管理箴言

- 在全面体验管理体系搭建的过程中，建立“权责利”体系是企业激活全面体验管理的内在驱动力。企业内部的全面体验管理体系一定是内外拉通、自上而下的。

- 企业应建立起以体验为核心的企业文化，将传统的营销思维转化为体验思维，并将其作为企业战略目标的指向标。

- 企业需要在流程推进环节不断衡量体验指标与自身业务的贴合度，根据实际情况完成体验指标的调整。

- 全面体验管理的本质是精细化管理用户的全旅程体验。企业需持续进行指标体系的小迭代，进而实现整个行动闭环的大迭代。

第 5 章

建平台，实现整体数智化管理

Total eXperience Management

融合“O+X”数据，赋能企业发展

品牌应丰富全面体验管理体系内的互动数据，
拓宽品牌经营交易数据的内部视角，
实现用户体验数据与行为数据的高度整合，
用体验解释行为，
用数据发掘动因。

我们能看到一个趋势，即“O+X”数据的融合正有效赋能企业的发展。“O+X”数据的融合是在市场经济迭代中应运而生的。正如图 5-1 所示，当我们从服务经济时代过渡到体验经济时代时，人群的变化最为明显。人们对于产品的需求转变为体验需求，因此，对品牌来说，只关注运营数据（O 数据）将面临失去与用户沟通的机会，在体验时代中处于被动状态。品牌只有将运营数据与体验感知数据相结合，才能真正了解用户行为背后的动因，为用户的异常行为找到品牌体验层面的原因，从而掌握与用户沟通的主动权。

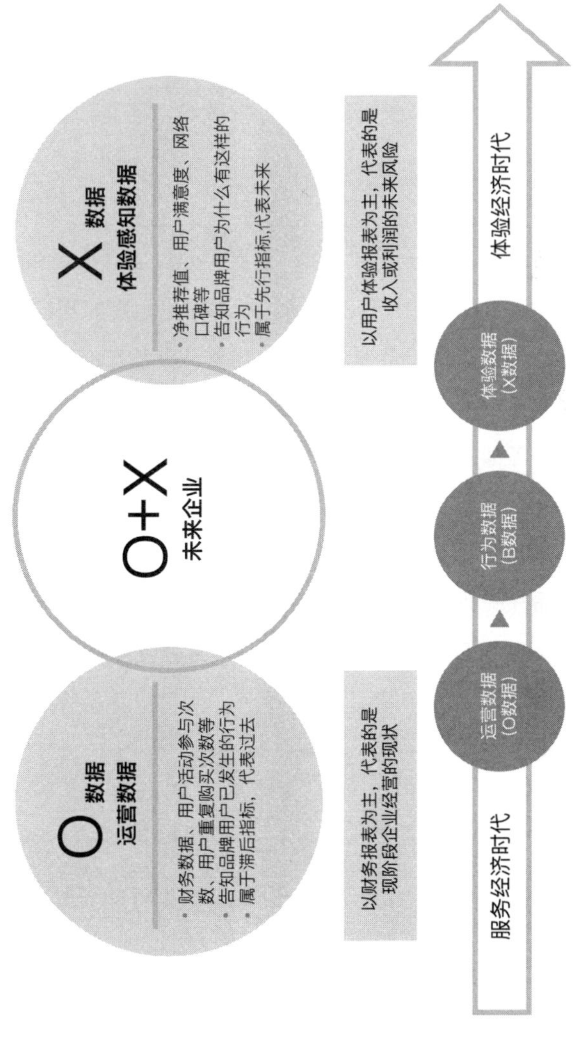

图 5-1 “O+X”数据融合赋能企业发展

定义，什么是 O 数据和 X 数据

以前，企业更注重财务数据和运营数据，这就是 O 数据。这些数据包括营业收入、利润、增长率、有效用户数等，都是已经发生的、理性的数据。

企业在做精细化数据分析的时候，重点要分析运营数据和用户行为数据。用户行为数据反映用户在线上平台的行为，比如用户浏览了什么、收藏了什么、浏览时长多少、在什么时候从购物车结账等，这些用户行为数据都属于运营数据中的一部分。用户购买了什么、客单价情况、第几次购买等都是已知的数据。

用户对品牌的评价数据被称为 X 数据，即体验数据。X 数据是指用户在体验产品和服务的整个旅程中产生的主观评价数据，比如投诉数据、留言数据、调研反馈数据等。如果用户 X 数据所表现出来的成绩并不好，即便在 O 数据一切稳定的前提下，也意味着品牌未来的增长率和利润可能会下降。

企业都拥有 X 数据，比如电商的用户评价数据、在线客服沟通数据、用户投诉数据、电话咨询语音数据等。X 数据并非新鲜事物，但很多企业并未统一管理用户的 X 数据。

X 数据蕴藏品牌未来的发展趋势。比如，某新产品上线之后，投诉

的用户很多，用户反馈该产品不好用或在收到产品时就是坏的。那么该产品在未来一定不会有好的商业表现，即便是通过营销短时间“催熟”，按照用户全生命周期进行评估，其成长表现一定是不理想的。因此，X 数据是能探知未来的数据。

这是不是意味着 X 数据比 O 数据更重要呢？其实不然，X 数据隐藏着趋势和机会，但是未来能有怎样的表现，也要回归到 O 数据中进行协同分析，将体验与商业、战略、管理相结合，从而赋能品牌的发展。

缺少 O 数据会让我们偏离商业本质，缺少 X 数据会让我们“盲猜”用户。比如，我们看到一款产品的退货率高达 60%，第一直觉会认为这款产品不好。反应敏捷的品牌也许瞬间下架了这一产品，但真实情况也许有另外一种可能。通过全渠道的用户互动我们了解到，用户需要并喜欢这一款产品，但购买渠道的不同使产品价格产生了差异。因此，用户在各平台比价之后进行退货，更换为价格更低的购买渠道。用户还是这个用户，产品还是这款产品，只要这个用户依然喜欢该产品并愿意继续购买，那么产品体验的表现就没有问题。此时，品牌需要将精力放在渠道管理上。

以往的精细化运营着重分析 O 数据，没有探究用户的体验感知。X 数据并非比 O 数据更先进，我们需要将 O 数据和 X 数据进行整合并协同分析，从用户的视角看待商业和业务，全面助力品牌做出数智化决策。

现状，体验数据孤岛已经形成

O 数据和 X 数据协同分析的基石是用户体验旅程。AARRR 模型与用户关系递进模型有着异曲同工之妙：一个是用户购买转化的漏斗，一个是用户关系的递进漏斗。在理想状态下，这两个漏斗应该是并行的，也就是说，用户购买越多、用得越多，就越喜欢、越认同产品和品牌，与品牌的关系也就越紧密。

基于用户体验旅程的分析逻辑，我们从用户注册、实名认证、首次购买、购买后评价、下次购买（复购）这一简单的旅程入手。

- O 数据关注用户注册后多久产生了购买、最小存货单位（SKU）是什么、购买后多久复购、有没有退换货等。
- X 数据关心在重要的转化节点上，用户注册的流程是否顺畅、是否顺利地选到了喜欢的产品、收到产品的体验与预期是否一致、产品是不是好用。
- “O+X” 数据关心用户后来没有复购的原因，是因为这款产品很耐用，还是这款产品不好用已经被扔掉了。

在实际情况中，品牌的用户数据都是独立的，我们无法识别同一个用户在不同触点的需求困境。因此，品牌需要整合用户在不同平台的产品体验，全面感知用户在产品使用过程中的异常情绪，从而发现产品的优化机会点。图 5-2 为全面体验管理数据整合平台的基础渠道。其实对品牌来说，用户体验数据的壁垒不仅仅存在于不同平台之间，甚至同一平台在不同渠道的体验数据都很难统一，而被分割的用户体验数据是无法为品牌提供价值的，企业很难从用户的只言片语了解其需求的全貌。

以电商平台为例，用户在平台内的搜索数据是独立的，用户在线咨询客服的数据是独立的，用户购买时的信息数据、物流数据、收到商品后的评价数据、退换货数据、售后会话数据以及使用了一段时间后的问题投诉数据都是相对独立的，这形成了用户数据孤岛。

信息孤岛会导致什么问题呢？从一开始的商品咨询到收货后不满意，再到退换货、投诉，用户可能要咨询多个客服，先跟售前客服讲一遍，然后给售后客服再讲一遍，将问题升级到主管处，之后还要给主管讲一遍才能够退款，在物流阶段可能还要将问题再讲一遍。虽然用户的问题最终得到妥善解决，但是该用户以后可能再也不想购买这个品牌的产品了。

上述情况仅是在同一个平台的互动。如果同一个用户在多个平台进行互动，情况又会是怎样的呢？

X 数据主要集中体现在六个维度，包括客服的评价数据、小程序的反馈数据、电商的订单评价数据、公众号的留言数据、市场调研数据、社交平台评论数据。未来用户会产生更多的数据，这些数据能够帮助我们实时发现问题、解决问题。

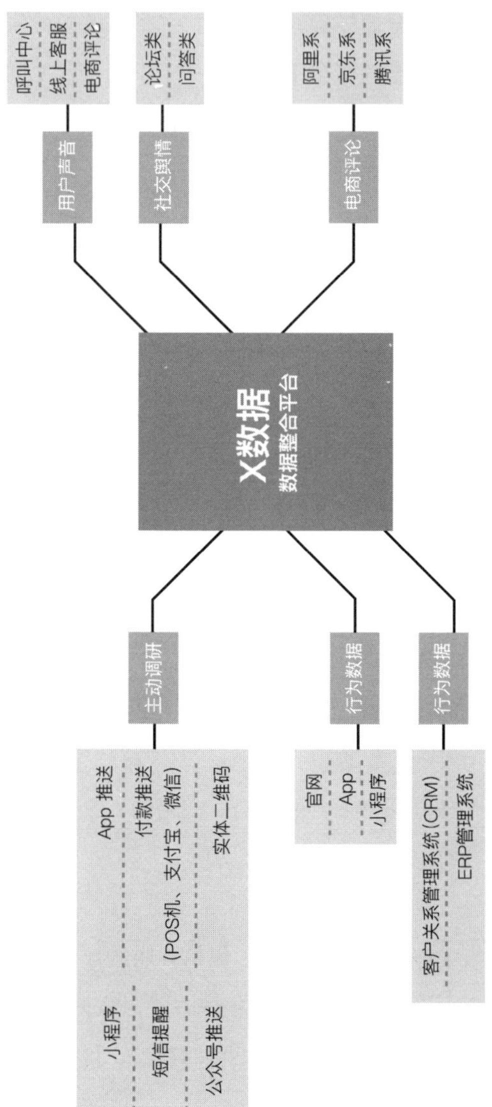

图 5-2　用户体验数据整合

因此，品牌需要将用户体验的相关数据进行汇总，将分散在多平台的 X 数据统一为体验旅程视图，帮助我们实时关注不同节点的体验指标变化。比如，用户在公众号中看到了产品“种草”文章，在公众号后台留言咨询，便跳转到小程序并完成购买；购买后跟踪物流信息，到货后及时对商品做出评价，并进一步分享了商品链接晒单。

品牌通过统一的体验旅程视图，很容易就能分析出用户在全旅程的峰值体验和冰点体验。品牌可以结合全量的用户体验反馈数据，对比微观数据与宏观数据，形成用户体验闭环和数据闭环。体验闭环能够带来更多的用户转化，数据闭环能够帮助品牌从多视角进行用户行为分析。

价值，数据融合的三个效用

第一，赋能业务归因，分析 O 数据背后的动因。一个高频复购的用户，为什么突然间不买了？用户就餐体验不好的原因是菜品不好，还是服务不好？用户退换货是因为产品质量不行，还是一时冲动购买，或是在其他渠道得到了更便宜的价格？

运营数据指标的疑问，都可以通过与用户互动的 X 数据得到真实的解释。如果能够洞悉用户行为背后的原因，就意味着品牌能够用体验数据赋能业务，及时调整战略和运营计划。

第二，洞察用户消费的驱动因素，按驱动因素划分人群，基于人群画像进行精准的推广。与用户互动的 X 数据不仅能够帮助我们洞悉用户流失、没有购买的原因，而且能够分析出促进用户购买的原因、用户愿意二次购买的原因、用户频繁购买的原因、用户非常满意的环节。

每一个动因背后面向的是不同的人群。比如，对于小区门口的生鲜超市，有些用户群体选择它的动因是离家近、购买方便；有些用户群体选择它的动因是菜品新鲜，愿意跨区域购买。这两类具有不同动因的人群，需要匹配不同的营销策略和运营策略。

第三，赋能产品创新。品牌的一部分竞争力源自微创新，通过体验数据，品牌可以挖掘微创新的元素。这需要品牌基于 X 数据发现用户痛点，从而发掘创新的机会。比如，上述小区门口的生鲜超市可以为第一类用户群体，提供送货上门、提前打包自助取菜、新鲜菜品预订、用户顺路自取等服务。

某大型快递物流企业基于 O 数据发现 App 的下单页面有近 40% 的用户流失。其中近 1/3 的用户流失是在填完地址信息之后提交订单的这个环节。从 O 数据进行分析，该企业无法找到原因。该企业很费解，用户已经填完了寄送信息，他们一定是有寄件需求的用户。但是，为什么这些用户最终没有下单寄件呢？是不想寄了还是转投了其他的快递呢？

该企业希望能够通过 X 数据来去探索用户流失的原因并且挽回这些有流失风险的用户，提高订单转化率。基于该目标，我们梳理了用户体验旅程，设计了用户参与体验的内容，包括问题、指标、标签等；一共梳理了 12 类用户互动问题，并形成 82 个标签、10 类一级指标和 67 个二级指标。这 12 类用户互动问题并不是用户全都要回答的，平均每个用户只需要回答 5 ～ 7 个问题。兼顾数据收集的门槛和用户精力的投入，我们利用简单的红包抽奖作为激励，吸引用户参与反馈。

指标和标签都是提前设计好的，因此，我们可以通过收集的数据进行实时的分析和归因，利用自动语义解析、提炼、合并了开放性的问题。结果显示，65% 的用户流失出现在货物信息的“体积”填写阶段。

该企业的优势是大件快递物流，用户在寄快递时需要输入预估的重量和体积。重量相对好估算，但体积的计算需要输入预估的长、宽、高，这在无形中劝退了一部分用户（比如，桌子的长、宽、高是多少呢？普通用户不能进行准确的预估，计算出来的预估金额与实际金额的差异也比较大）。

对于用户流失的原因，我们主观地猜测其原因是价格，但数据分析的结论是下单页面的设计逻辑陈旧（原有业务以物流为主，转型快递业务后，原有的设计逻辑并不合理）。此外，还有一些选项与流失结果相关。18% 的用户流失是因为寄件人的地址不可用，13% 的用户流失是因为在结算方式中找不到代付选项。因为价格太高而流失的用户不足

8%。得出这样的结论后，体验优化的方向就很明确了：去掉输入体积这个项目，改为勾选是否超长、是否超宽、是否超大的选填项，提交订单以后再由快递员评估寄送物品。

该快递物流企业的App优化后，用户小件快递的下单率明显上升，寄件人的数量有所增加，最直观的表现就是用户转化率提升了10%，带来的效益是接近百万级别的订单量，而这只是订单转化的一个比较小的环节。

上文已经分析了如何优化流失用户的旅程。企业同样需要收集顺利下单用户的反馈数据。当用户下单成功后，我们会让一部分用户看到关于下单流畅度的调研（只有一个问题“下单是否流畅”，如果用户回答“不流畅”，则有几个原因标签供用户选择）。另一部分用户会收到探索性的问题，我们会通过积分进行激励（积分可以兑换抵用券）。当用户反馈“取件慢”时，我们面临两个选择：①变得更快；②让用户愿意等待。面对这一痛点，我们尝试询问用户“愿不愿意多花一些费用让快递员提前上门收件”。此前，该快递物流企业也考虑过是否上线付费快速取件的功能，但在没有得到验证之前，不敢轻易尝试。我们在需求分析阶段无法测算用户是否有此类需求，贸然增加收费项可能会伤害用户体验。

全面体验管理可以很容易地帮助企业定位问题，在用户下单成功的节点上收集用户的反馈数据。这些数据证实了37%的用户愿意在着急的时候为快速取件付费。用户有这样的需求，又能赋能业务，何乐而不为呢？这既能为该企业增加收入，又能为用户提供更好的服务，双赢的局面就此打开。

这个与业务息息相关的案例，只是遵循 X 数据分析流程的一个普普通通的实践。任何体验优化都需要经历确定目标、研究用户的特征、设定相应的指标、梳理用户体验旅程、收集用户反馈数据并分析、根据分析结果进行优化的过程。

全面体验管理体系是持续迭代的，指标库和标签库也可以进行灵活的更新。很多时候，一点点微小的调整，甚至只是一句引导语的变化，就能带来很大的提升，但前提是品牌基于对用户的理解和洞察，站在他们的角度去做优化。

五步阶梯，构建体验数智化平台

一个完善的全面体验管理数智化平台，
需要包含连接、收集、分析、洞察和行动阶段并形成闭环，
连接体验路径中的关键性触点，
采集不同触点下的真实体验数据，
沉淀整合用户数据资产，
分析用户行为数据背后的关键因子，

洞察用户体验旅程中的异常情绪，
持续验证用户体验策略的有效性，
打造以业务驱动的体验优化闭环模型。

连接，实现与用户端到端的触点连接

全面体验管理的“全面”可以体现为全渠道的数据打通、全触点的用户连接和全旅程的覆盖。对于全面体验管理来说，用户触点的埋点和用户数据的全渠道采集，是连接整套体系的关键。全面体验管理从用户体验旅程中的不同触点入手，搭载数据整合、分析的数字化工具，以点及面地实现品牌的全面体验感知（见图 5-3）。具体步骤可拆解为以下三个阶段。

第一，全渠道的数据打通。公域中的用户数据是非实名的，一旦与用户建立了连接，我们便可以通过技术手段，将公域中不同渠道的同一用户合并为具有唯一身份标识号（ID）的用户。私域中的数据渠道更为广泛，比如前面提到的品牌公众号、客服系统、社群、自有 App、小程序等。

全渠道的数据，包含了私域用户数据和公域渠道数据。打通全渠道数据的目的是分析用户来源、用户在私域中的表现、用户参与的活动、用户对品牌的评价、用户体验旅程有着怎样的流转和变化。这些数据流是需要通过用户视图来构建的。

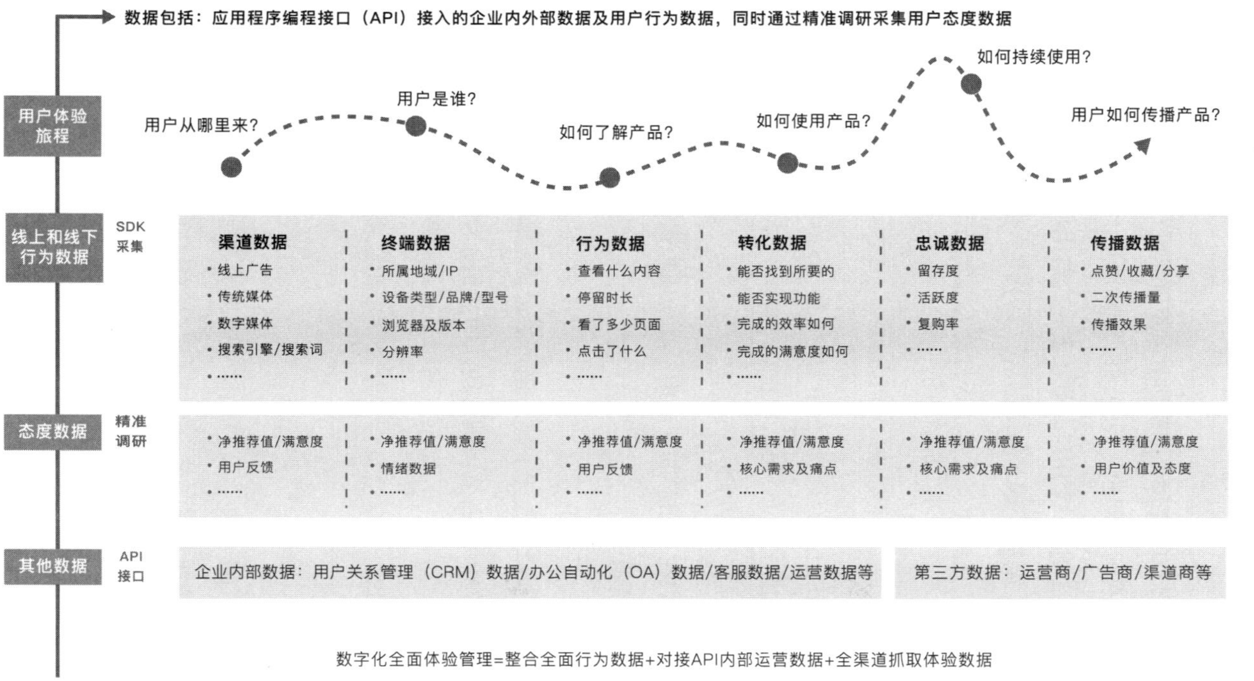

图 5-3　数字化全面体验管理

第二，全触点的连接，即将所有渠道触点进行连接，建立双向的互动通道。正如刚刚提到的，我们可以通过技术手段识别分散的用户数据，并将之标记为同一个用户，且在下一次与用户互动时，了解用户此前的互动情况。品牌上线了新产品后，关于用户觉得味道如何、包装如何、是否对此产生兴趣、文案是否打动人等问题都可以在与用户的互动中得到答案。

我们会向用户发起调研并期待用户参与，但并不是数据收集回来后，调研就结束了。在与用户互动的过程中，我们能基于用户的反馈，再次给予用户回馈，建立双向互动的通路。不仅在恋爱心理学中会用到情绪价值，我们在与用户的互动中、在与用户建立情感递进的关系中，也会用到情绪价值。

第三，全旅程覆盖线上线下用户旅程，按售前、售中、售后的顺序建立统一的视图。以某国潮运动品牌为例，新用户在线下体验店购物，往往先进店选购，在购买后结账，并在结账时注册成为会员，享受本次的购物积分；老会员会在结账环节出示会员卡，绑定购物记录并积分。

线下购物门店的业务流程和用户旅程大多如此。用户注册成为会员，也就与品牌建立了联系。移动支付促使品牌倾向于将会员系统构建在微信生态上。用户可以在微信卡包中领取会员卡，品牌可以通过服务号给用户推送消息。基于该触点，品牌可以在用户购物注册后随机邀请用户对注册流程做评价；在离店 10 分钟左右，向用户推送服务满意度的反馈；在 2 ～ 3 天内邀请用户对所购产品进行评价。

为什么要这样设计呢？用户的单次购物旅程可以拆分成几个子旅程，包括会员注册的旅程、门店购物的旅程和产品使用的旅程，其目的是打通用户体验旅程中的体验管理数据。

上述的三段旅程中，门店购物的旅程最为重要。我们以门店购物体验为例，在离店 10 分钟左右的时间，用户还处于购物后的兴奋期，因此，这个时机获得的用户反馈内容既新鲜又真实。此时，互动的重点应该放在服务体验方面。比如，本次购物的整体满意度如何？店内的环境、背景音乐、味道是否适宜？导购员在试衣、找货、结账等环节是否礼貌周到？是否有强制引导注册会员的情况？叠衣包装是否整齐？

服务体验的数据看似包含了很多互动内容，但在科学的问卷设计下，用户只需要回答 3 ～ 4 个问题，这些问题可以在可量化的指标下面预设的标签中体现，用户只需要平均花 30 秒左右的时间即可完成。在此后的 2 ～ 3 天内，品牌应该基于用户购买的商品属性，再次触达用户，收集用户对产品本身的体验感知数据。后续还有用户兑换积分奖励、参与活动抽奖等环节，这些都会以用户为核心，连贯地呈现该用户在线上线下的全部体验数据。

就这样，全面体验管理平台在关键触点、关键时刻收集体验数据后，可以逐渐建立起全渠道、全触点、全旅程的数据化触点连接。

收集，关键时刻的数据收集

关键时刻的数据收集包括四个核心的部分，即关键节点的设计、关键的触达时间、关键的内容设计以及关键的关怀设计。

关键节点的设计

在上述国潮运动品牌的购物体验中，品牌首先需要设计关键节点，分别对应会员注册的旅程、门店购物的旅程和产品使用的旅程。用户的注册流程大同小异，为了平衡“数据回收”和“减少打扰”，品牌可以对一定比例的用户（减少覆盖用户范围）在注册成功时（同一页面，无缝衔接）随机弹出“注册体验是否顺畅？”的页面（轻量级回收，默认成为注册的一部分）。其次需要收集用户在购物离店 10 分钟后的服务体验反馈数据。最后需要在购物 2 ～ 3 天后询问用户对产品的满意程度及其他关于产品的问题。

这里折叠了一个隐藏的关键环节——售后退换货的环节。这个环节不是每一个用户都会经历的，但对整体体验的影响非常重要。

关键的触达时间

“时机”是一个很巧妙的设计。间隔时间太长，用户的体验记忆会衰退；间隔时间太短，用户的当前体验会被干扰。比如，用户还没吃完所点的菜品，程序中就弹出了菜品反馈页面，这会带来十分糟糕的体验；但是在第二天，用户可能不会记得菜品的情况，此时的反馈价值也就会大打折扣。

服务反馈为什么在购物付款之后的 10 分钟？这也是一个非常关键的触达时间，用户既离开了当前的购物环境，不受导购的影响（毕竟当面打差评需要一定的心理素质），又对刚刚的购物过程记忆犹新。此时，用户参与体验反馈的意愿高，数据收集更加容易。

品牌需要在用户购物并且已经使用过商品后，邀请他们参与体验反馈互动。一般来讲，购物后的 2～3 天是品牌触达用户比较理想的时间，不同业务类型的品牌触达用户的最佳时间也不相同。比如，餐饮行业需要在用餐当天立即触达用户。时间窗口一过，即便用户还有反馈意愿，但对菜品味道的记忆已经淡化了，除非特别好吃或者特别难吃，用户才会有深刻的印象。

服装品牌也应该合理选择触达用户的最佳时间。用户购买服装后会再次试穿，或者已经正式穿上品牌的服装去逛街了。因此，在这个时间点用户才能对产品有多维度、层次丰富的体验，才能对品牌做出具有价值的最终反馈。

关键的内容设计

互动内容的设计也需要专业性。大家可能会疑惑，互动内容设计不就是设计问卷么？有什么专业性？

作为用户，相信大家应该参与过很多的调研，也有过这样的体验：看到喜欢的品牌发起了调研，自己很愿意配合回答，但是发现调研内容过于冗长。答了几道题后，感觉跟自己没什么关系，便逐渐失去兴趣和耐心。如果连反馈数据的数量和质量都不能保障，那么全面体验管理也就无从谈起。为了保证数据收集的回收率、真实性、客观性，体验数据采集要通过互动内容，考虑到用户参与互动所需要投入的时间和精力。推动全面体验管理的前提是不能伤害用户体验。

回到国潮运动品牌的案例，当我们收集注册环节的反馈数据时，互动内容一定要是瞬时的、简单的，是能够完全融入注册流程的会话内容。我们只需要一个问题便可以收集用户的反馈数据。这个问题便是："刚刚的注册流程是否顺畅？"如果用户选了"是"，便可以直接将会员二维码展示给导购，让导购扫码绑定会员记录；如果用户选了"否"，会话内容会进一步呈现几个标签供用户选择，比如"网络连接不畅""提交信息过多""导购强行推荐注册""填写信息不便"等，这可以帮助我们定位用户体验不畅的原因。总之，我们不仅要定位出现问题的体验环节，而且要了解其原因。

在门店购物旅程的环节，我们想要了解的内容非常多。为平衡用户的精力投入，我们需要更加科学、合理地设计互动内容。

互动内容的题目数量不应超过五个。在题目数量限制下，我们要收集用户对环境体验和服务体验的感知数据。环境体验包含视觉、听觉、嗅觉、触觉几个维度。每个维度对应相应的感知。为了收集用户对环境体验的感知数据，我们可以设置“陈列是否杂乱”“店面设计是否与品牌调性相符”“色彩搭配是否舒服”“环境是否嘈杂”“背景音乐是否过大或过小”“香薰是否好闻”“隔壁的蛋糕店是否飘进了味道”“衣服面料是否舒适”“金属衣架是否冰冷”等问题。服务体验包含专业性、主动性、态度、响应速度几个维度。每个维度对应不同的服务环节。为了收集用户对服务体验的感知数据，我们可以从礼貌热情的迎宾送宾、专业搭配建议、引导试衣、结账速度、快速响应需求等方面设置相关问题。

我们可以将指标分值与对应标签相结合，让用户回答简单易懂的问题，点选几次，即可提交。比如，如果用户对“整体满意度”“环境满意度”“服务满意度”的评分较高，那么只需要给出三个“五星好评”；如果用户对某环节的评分低于三分，页面会自动弹出相应的标签：“环境有些嘈杂”“人流量过多”“背景音乐有点吵闹”“试衣间等待太久”等供用户选择。这样，我们便可以通过标签来定位用户在门店购物中遇到困扰的环节。

值得一提的是，这里的标签分为正向标签和负向标签。正向标签能够帮助我们找到用户的“爽点”，负向标签可以帮助我们找到优化的方向。如果想要验证体验设计是否被用户感知，我们可以在高分选项下面匹配正向标签。如果想要定位不良体验的原因，我们可以在低分选项下匹配负向标签。

某个宫廷餐饮品牌在迎宾环节的设计体现了十足的仪式感。如果用户对迎宾环节记忆深刻，评分为 4 ～ 5 分，我们可以设置出现“迎宾仪式感十足”“有帝王荣耀感”等标签；如果用户对迎宾环节的评价较低，我们可以设置“迎宾有些尴尬”“古装穿帮”等标签。这些关键的内容设计可以帮助我们验证品牌体验是否真的能被用户感知并乐于接受。

关键的关怀设计

关键时刻的数据收集，还包括关键关怀设计。此前提及的“双向互动”，正是关怀设计的重要体现。用户表达的体验和感受，能够帮助我们更好地完善和优化产品服务，因此，我们也需要为用户提供正向的反馈和激励。越是需要占用用户较多时间精力的反馈，越需要有更高额的激励。越是与用户相关度较低的反馈，越需要有更走心的反向触达。

轻量级的反馈评价可与会员积分体系相结合。用户可以通过评价赢积分，再通过积分兑换限量的产品。会员积分激励的前提是用户能够感知积分体系的价值，这在后面的会员体系设计中会有详细的介绍。

如果用户需要参与深度调研、电话访谈，或者与当前服务无关的拓展互动，品牌需要给予其更高额的奖励。“高额”的奖励在这里可以是奖品激励，也可以是稀缺的、与用户需求高度匹配的物质激励。此外，当感知到用户在体验旅程中的不快时，我们可以进一步地实现自动化的关怀。

分析，构建多维分析模型

在自动收集基于旅程节点的体验感知数据后，我们需要进一步构建多维分析模型，以实现体验数据驱动增长。

旅程峰终分析

一切的体验数据都是基于旅程的。有了旅程节点的体验指标衡量，才能形成体验的峰值和洼地。在《体验思维》一书中我们介绍过“峰终理论”，以及如何通过“峰”和“终”创造有记忆点的体验设计。在全面体验管理平台上我们绘制出了体验地图，这样我们就能很容易地得到体验的峰值数据和用户体验感知的波动。

体验峰值既可以是高光体验的峰值，又可以是冰点体验的峰值。在构建了统一的指标体系后，我们看到用户在某个点的体验指标值非常低，那这个位置的体验一定是有优化空间的。尤其是在综合全面用户体验旅程数据且在整体反馈不理想时，我们需要格外重视这个环节，将其放在首要位置进行有针对性的优化。如果在某环节，用户的体验指标值非常高，我们就需要尽可能在这一环节使更多的新用户参与进来。

我们以常见的付费会员的开卡礼为例。付费制会员的业务模式一定不是为了赚取会员费，而是希望用户与品牌保持长期的联系，成为高频复购的用户。因此，开卡礼是用户转化的重要环节，品牌通过获得开卡礼的兴奋体验来对冲付出的会员开卡礼费用。因此，开卡礼这一环节是值得重点分析和研究的。

同一用户的整体体验旅程可以分为若干个子旅程。每一个子旅程同样会包含“峰”和“终”的优化。用户进店→选购→试穿→结账→送宾，这是一次购物旅程，也对应一次“终”。相比“峰”的不确定性，很多品牌会着重设计“终”这一环节。比如，宜家在用户离开前售卖 1 元的冰激凌，就是“峰终理论”的典型案例。

此外，美容院等服务类的行业，也会格外重视旅程终点，甚至在“终”这个环节，设计了一次又一次的体验。比如，在结束一次美容项目后，美容顾问为用户送上一杯银耳红枣羹；在送宾的环节，美容顾问叮嘱用户注意事项，并提供专业的保养建议；在用户回家后，美容顾问会远程提醒用户补水。在“终”这一环节，密集的峰值体验对整体净推荐值的提升有促进作用，这些都可以利用数字化手段来进行分析。

体验指标分析

体验指标的设计是基于旅程的，因此，旅程的各个关键节点，也需要利用体验指标来进行分析。用户为什么满意、为什么不满意、满意和不满意的程度如何，都要回归指标。

随着体验闭环的不断迭代循环，体验数据的持续积累，品牌利用运营数据和体验数据分析体验指标的变化，可以为运营数据带来哪些关联性的变化呢？作为国内银行业的用户体验标杆，招商银行曾经做过体验指标与经营指标的关联性分析，结果显示：净推荐值每提升 10 分，用户的平均存储金额就提升 1 万元。当然，这是基于强大的分析模型关联分析的结果。

业务权重分析

每一个指标都需要匹配标签，标签是提供给用户选择的直观评价，来找出用户不满意、不买账的原因。因此，每一个标签都需要进一步匹配权重，来限定该问题的重要级。

比如，当用户的就餐体验不佳时，品牌可以通过标签分析出用户不满意的原因，这些原因包括："服务员响应不及时"（14%）、"服务员不礼貌"（5%）、"招牌菜售罄"（22%）、"停车位距离远"（6%）。一般，品牌在优化时，要从两个维度进行考虑：一个维度是用户反馈的比例。从上述结果看出，22% 的用户反馈没有吃到招牌菜，这是就餐体验不佳的高票选项，那么优化思路是更充分地备菜；另一个维度是重要级。从上述结果看出，虽然"服务员不礼貌"这一选项所占的比例不高，但是其影响用户就餐体验的程度远高于"停车位距离远"。如果用户体验过服务员的不礼貌服务，那么可能再也不会踏进这家餐厅。如果只是停车不方便，用户大不了下次早点来或者打车来，其核心的体验不会受到影响。

从服务优化的角度，我们不仅要分析不良体验对于整体体验和经营目标的影响，而且要找到优化的方向。以"停车不方便"为例，我们要为此去买 / 租下更大的停车场吗？我们需要权衡成本和收益，除了租下更大的停车场这个思路外，可以在用户就餐预订时提醒或者在店铺线上预订的页面进行提醒，提前给到用户"不好停车"的预期，并在优化后衡量用户对于该选项的满意度变化。

用户体验等于用户的实际体验减去预期体验。如果我们在实际体验环节中不能给予用户更好的满足，那么我们要试着降低用户的预期。比如，电商直播的服装品类的退货率达到 50%，其原因是品牌给予了用户过高的预期。这虽然带来了成交和下单转化，但是用户收货后的体验与预期体验不符，这会带来严重的退货率，得不偿失。

与 O 数据交叉分析

体验驱动的目的是实现更好的商业增长，因此我们也需要衡量体验投入和体验回报的关联。比如，拼多多为用户提供不满意无须退货即可无理由退款的服务，这让用户的体验反馈很好，但拼多多会难以为继。这与我们体验驱动商业价值增长的逻辑相悖。

如果用户对产品的反馈特别好、品牌口碑特别好，但最终的交易数据很难看，企业的收益无法覆盖体验成本，最终也无法持续地为用户提供具有良好体验的产品和服务。因此，我们也需要与运营数据交叉分析，使运营数据与体验数据相互促进，形成增长闭环，让品牌能够持续地发展。

洞察，挖掘数据背后的事实

洞察用户期望

分析是体验洞察结果的过程，洞察是数据驱动的基础。我们在设计互动内容时，为了降低用户的反馈难度，提前设计了大量的指标和标签。随着用户体验数据的丰富，用户声音中的关键词也更加清晰，将会持续补充用户指标下设的标签，帮助品牌完善用户画像，更精准地捕捉用户体验需求。

我们怎么才能将用户给予的开放式反馈进行科学、高效的分析和提炼呢？答案是借助技术手段，通过人工智能（AI）和自然语言处理（NLP）技术，发现用户针对哪些问题提出了改善建议。

人工智能可根据用户的语义语境来分析用户的真实情绪，自动筛选关键词，匹配用户体验旅程中的关键性触点信息，并将用户体验数据回流到品牌的体验数据管理平台，使用户的整体感知可视化（见图 5-4）。

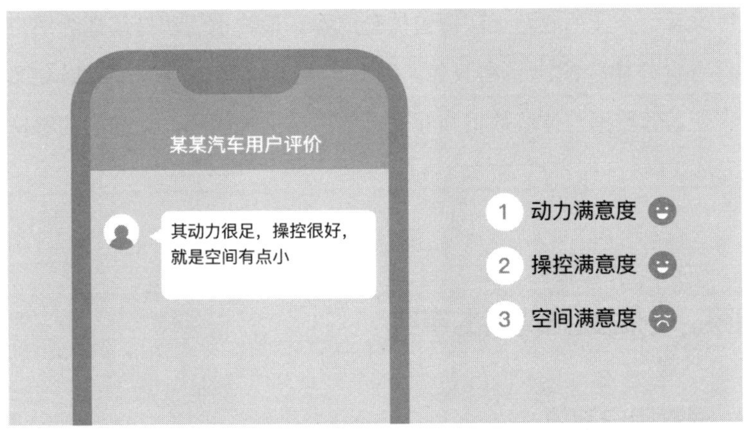

图 5-4 某汽车平台的智能 AI 分析

借助数字化管理技术，品牌可以不漏掉每一个用户的体验反馈。我们可以借助技术手段，利用宏观数据和微观数据，找出用户体验不佳的触点并进行优化。

洞察机会点

我们可以通过回归分析算法模型，得出优化四象限，从而洞察机会点。上文提到了用户反馈比例和重要级两个维度，我们在构建算法模型时，会参照用户满意度和指标重要程度，通过横纵两轴画图，分析出的影响品牌体验的各个因素，并将其归类到四个象限中（见图 5-5），帮助品牌快速做出决策。该模型简单明了，无须进行过多的专业分析即可获得实时的数据洞察，洞察的准确性与前置指标体系的科学性相关。

洞察风险点

接下来我们要基于现有数据进行风险点的探查。我们需要设定低分预警机制，当发现用户出现低评分时进行及时预警，然后将指标落实到业务流程中对应的负责人身上，从而规避风险，在第一时间内解决用户问题。此外，我们要将长期低于行业内平均值的指标（对比 BXI 的细分指标项）视为风险点。

行动，采取措施优化体验

行动是我们优化用户体验的进一步动作。有了合理的指标体系和全量的体验数据，我们可以将指标拆解为完善的标签体系，从而发现某类用户在某个场景下有怎样的意愿。这样，全面体验管理便解决了品牌

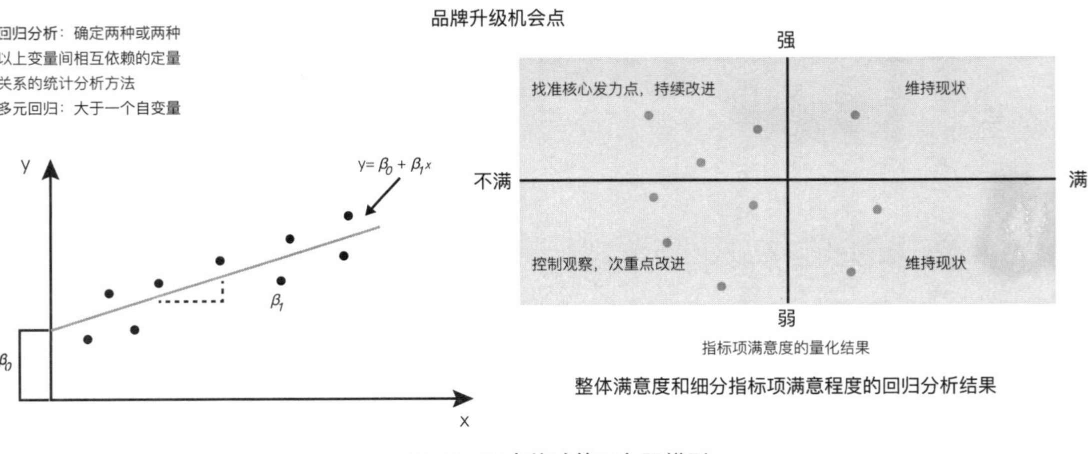

图 5-5 用户体验的四象限模型

注：β_0 为截距（Intercept）；β_1 为斜率（Slope），是 x 变动一个单位时 y 的变动量。

“看数据”的价值。这只是第一步，接下来我们需要通过行动全面地优化用户体验。按照体验数据优化的两种递进形态，行动可以分为自动化行动和智能化行动。

自动化行动

自动化行动是指自动触发相应的机制，通过阈值规则设定自动化行动任务。当关键数据触发阈值规则时，全面体验管理系统会自动触发智能分发规则。

比如，用户参与了专项调研，为产品优化做出了相应的贡献。我们应该给予用户相应的激励。无论是参与抽奖还是积分回馈，都应该与用户反馈的流程连贯为统一旅程，使用户自动化地进入奖励环节。然后，我们应该将不良反馈的体验指标落实到具体的负责人身上。全面体验管理平台应当具备自动化的能力，将指标进行拆解并匹配到对应的负责人。当然，我们也需要设计一定的校验机制来评估用户是否误填。

图 5-6 是某品牌的自动化预警后台界面。系统通过采集用户反馈数据，捕捉用户的糟糕体验，定位关键词，并联动企业组织架构中的相关责任人，发送风险预警通知，实时追踪用户体验反馈的处理进度，用户体验症结与用户反馈处理结果一目了然。

最后，进阶版的自动化设计，需要结合用户反馈的内容匹配不同的

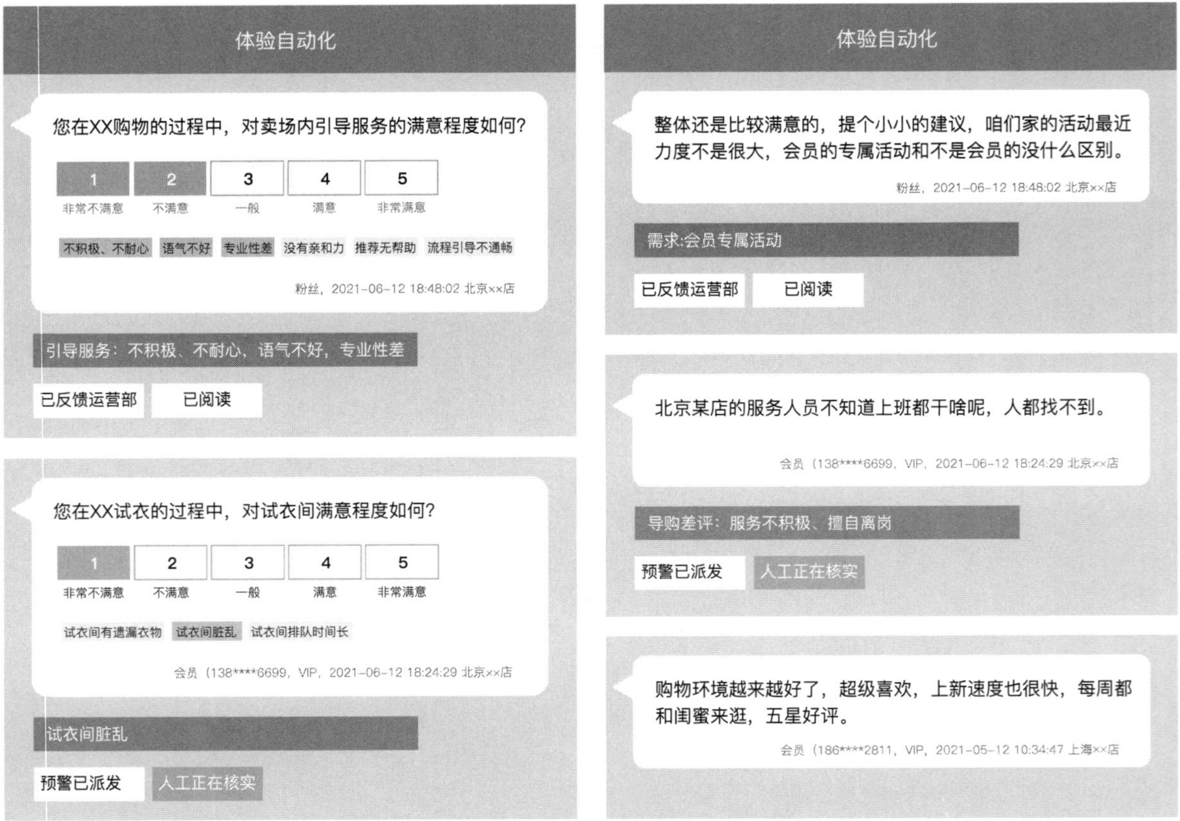

体验自动化

您在XX购物的过程中，对卖场内引导服务的满意程度如何？

1 2 3 4 5

非常不满意 不满意 一般 满意 非常满意

不积极、不耐心 语气不好 专业性差 没有亲和力 推荐无帮助 流程引导不通畅

粉丝，2021-06-12 18:48:02 北京××店

引导服务：不积极、不耐心、语气不好、专业性差

已反馈运营部 已阅读

您在XX试衣的过程中，对试衣间满意程度如何？

1 2 3 4 5

非常不满意 不满意 一般 满意 非常满意

试衣间有遗漏衣物 试衣间脏乱 试衣间排队时间长

会员（138****6699，VIP，2021-06-12 18:24:29 北京××店

试衣间脏乱

预警已派发 人工正在核实

体验自动化

整体还是比较满意的，提个小小的建议，咱们家的活动最近力度不是很大，会员的专属活动和不是会员的没什么区别。

粉丝，2021-06-12 18:48:02 北京××店

需求:会员专属活动

已反馈运营部 已阅读

北京某店的服务人员不知道上班都干啥呢，人都找不到。

会员（138****6699，VIP，2021-06-12 18:24:29 北京××店

导购差评：服务不积极、擅自离岗

预警已派发 人工正在核实

购物环境越来越好了，超级喜欢，上新速度也很快，每周都和闺蜜来逛，五星好评。

会员（186****2811，VIP，2021-05-12 10:34:47 上海××店

图 5-6 某线下门店品牌的自动化预警

互动方式。比如，在新品共创的场景下，用户对某类产品、某个口味感兴趣，那么系统应该自动匹配该款产品的试用名额。比如，在发货四天后，系统可以向用户推送试用反馈的问卷。当用户参与了某个品牌的线上肤质测试，系统应该自动匹配该兴趣产品的折扣券、专属优惠等信息，引导用户完成购买。

智能化行动

智能化行动是指对关键体验指标设定规则，然后通过数智化平台自动将它们落实到相关组织的负责人身上，并优化体验。当用户参与的互动内容足够多或者参与某项互动内容的用户数足够多时，平台将基于数据模型和数据积累不断地完善机制，更加智能化地实现“千人千面”的体验行动，自动修正不良体验，规避因体验不畅而带来的用户流失风险。

数智化的体验驱动同样基于用户体验旅程，执行自动化行为并记录与跟进，形成快速干预与响应机制，以可视化形式呈现，如图5-7所示；实时跟踪并预测结果，动态追踪并校验预测与结果的偏差，然后不断进行修正。

全面体验管理涵盖了体系化设计、体验数据收集、数据分析、用户洞察、行动优化的整个闭环。从运营数据中发现问题，回归到体验数据来解决问题，在不断的迭代中循环往复，形成独具品牌特色的体验驱动的新增长模型。

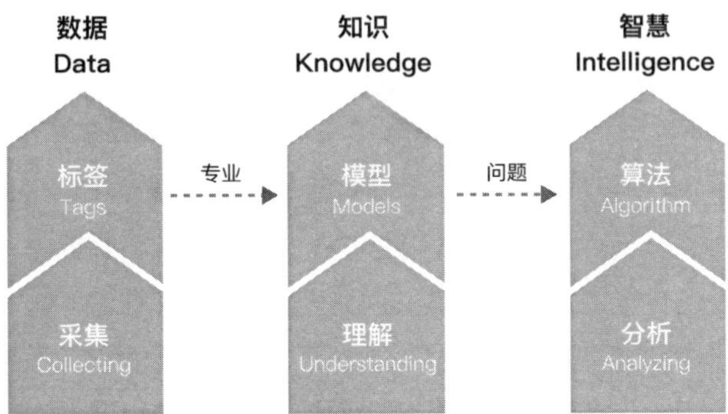

图 5-7　全面数智化体验管理

全面体验管理箴言

- 全面体验管理离不开数据的支撑。在体验经济时代，数据创造用户与品牌之间的互动通道，赋予品牌重新认识用户的机会。

- 品牌通过采集、回收、分析关键性体验触点的数据，理解用户行为背后的动机，挖掘用户体验旅程中的峰值与低谷，可以为进一步精细化运营打好数据基础。

- 对于品牌来说，数据并非是一个冰冷的数字，而是一面具有双面性的镜子。在持续走低的用户数据下面，隐藏着用户未被满足的需求点，在稳健走高的体验曲线上，暗含着用户对品牌更高的期待值。

- 数据的价值是值得反复推敲的，在落实行动之后，品牌可以根据实时变动的用户体验数据来检验优化策略的真实效果。无法被用户感知的体验优化是没有价值的。

第 6 章

塑运营，私域挖掘与新会员系统

Total eXperience

Management

明确目标，拥抱用户长期价值

营销时代的“一刀切”运营模型，
扼杀了用户的长期价值。
品牌需要优化私域用户的体验，
以颗粒度更细微的需求感知力与更有价值的会员权益配置，
让用户快速建立起品牌认同感和信任感，
沉淀优质用户社群，激活社群的自传播能力，
让每个社群成员自愿分享品牌内容，
完成体验驱动下的自然增长。

私域营销突然“不灵”了？

从 2019 年开始，私域流量的价值开始被人发现。直到 2021 年，各大品牌纷纷布局社群团购，私域流量成为各大品牌的必争之地。沃尔

玛、百果园等大型连锁超市，社区周边的小水果店，都开始有意识地引导消费者添加微信好友，将用户沉淀到自己的私域流量池内，然后以微信朋友圈的秒杀折扣和定时优惠持续吸引用户。那么，我们应该怎么对私域进行运营呢?

什么是私域流量?准确来说，私域流量是通过集成用户与品牌的对话渠道，赋予用户专属会员的角色，将用户沉淀在品牌自有的社群内，以达到反复触达、持续复购的目的。所以私域流量的两个关键词就是：会员、社群，即用户、空间。随着私域流量概念的盛行，用户的会员身份也越来越多，这些身份包括：外卖会员、影视会员、超市门店会员。甚至在睡觉、出行、读书等更细分的生活场景内都有着不同的会员身份，品牌与用户互动的空间基本覆盖了各个生活场景。

对于用户来说，他们早就没有了成为会员的惊喜和独特权益，加入品牌的会员体系更多的是为了满足基本的生活需求。品牌“独裁下”的被迫妥协已经耗尽了用户对于会员的期待值，私域营销突然“不灵”了?

对于品牌来说，会员的价值特征是非常明确的：更强的购买力、更高的忠诚度、更有效的口碑推荐。这也是私域运营被认定为实现品牌二次增长的有效手段的主要原因。随着私域运营手段的成熟，越来越多的营销套路被用户察觉。包装在虚拟“人设”下的消费陷阱，形同虚设的会员权益，甚至各种“大数据杀熟”的花招造成了品牌私域流量的大量流失，“会员出走”成为品牌私域环境下的常见现象。

对于品牌来说，以营销为导向的私域运营确实可以带来短期收益的提升，但也消耗了用户对品牌的信赖。从长远角度看，只关注转化与购买的私域运营策略无异于舍本逐末，忽略了最基本的用户需求和用户生命周期价值，并没有解决流量到留量的关键问题。对私域运营来说，感知用户的会员体验，从用户角度出发设计会员权益、提高社群内用户忠诚度，才是带来持续收益的运营策略。

品牌的私域关系递进模型

回到私域运营的基础定义，品牌建立私域环境的最初目的在于反复触达用户，缩短用户与品牌间的信息交互时间，提高用户对品牌的熟悉度和信任感，刺激用户的二次购买，实现品牌增长的目标。由此可见，私域运营的基础是品牌与用户关系的运营，通过会员体系的等级区分用户对品牌的忠诚度，帮助品牌精细化管理用户。

《体验思维》中的品牌与用户的关系模型（见图 6-1），在品牌的私域运营中同样适用。一切品牌与用户的连接点，都为实现品牌与用户关系递进而努力。对于品牌来说，用户关系的升级意味着品牌与用户间关系的由弱至强，从最初的陌生接触到最终的亲密关系。这个过程考验的是品牌对私域环境下的关系运营能力。

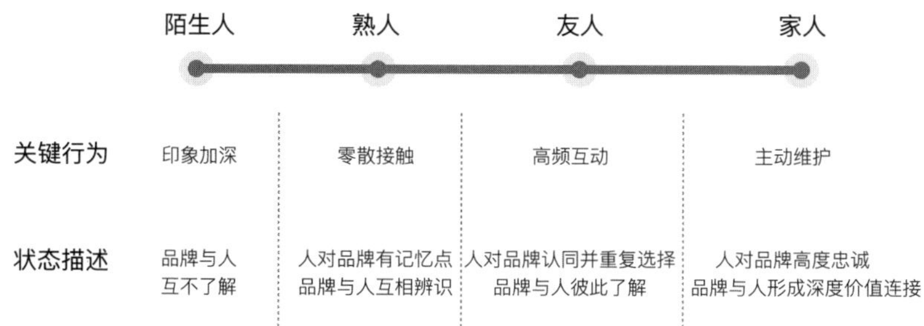

图 6-1　品牌与用户关系模型

初次认知

用户对品牌的初次认知是判断双方关系是否可以长期发展下去的重要依据，但是初次接触的时间可能很短，用户不会对品牌有太过具体的印象，对于品牌的初次认知更多地存在于不同品牌间的差异化表现。

比如，国产美妆品牌——逐本在线上咨询服务流程中，面对用户的询问并不会一味地推荐自家产品，而会根据用户肤质告知其如何挑选适合自己肤质的产品，甚至会大方地向用户推荐其他品牌。在美妆界各大品牌拉踩严重的情况下，逐本以用户使用效果为重心的服务方式“圈粉”无数，在博得用户好感的同时，也向用户传递出品牌专业负责的态度，迅速获得了用户的信任。

零散接触

当用户对品牌有了较好的初次印象后，用户与品牌之间的互动会逐渐增多。就像与朋友初次结识后，人们经常会带着第一印象去验证这个人是否真的像第一次看到的那样。对于品牌来说，用户将通过与品牌的零散接触，确定品牌的形象定位。这一阶段也是用户流失最多的时间段。

比如，丰巢的出现是为了方便人们拿取快递，提高物流流转效率。但在 2020 年 4 月，丰巢推出的会员收费服务引起了用户巨大的不满。从免费保管到对快递员和消费者的双向收费制度，丰巢的这一行为引起了用户的抵制风波。虽然丰巢最后延长了免收费时间，但造成的用户流失及品牌口碑暴跌情况已无法挽回。用户对于品牌的初次印象是把双刃剑，用户的初次印象越美好，品牌形象反差带给用户的落差也就越大。

高频互动

度过了用户对品牌的验证阶段之后，用户对品牌也就形成了一定的忠诚度，对品牌的信任也进一步加深，愿意尝试品牌的新品。这一阶段的用户基本上是品牌会员用户群体中比例最大的部分。

主动维护

在会员用户群体中，与品牌达成家人关系的用户将承担起品牌体验官的角色，他们会自愿分享品牌内容，维护品牌的外在形象，成为品牌在公域环境下的关键意见消费者。

苹果作为数码科技产品的巨头，在用户体验方面做得十分到位，从而赢得了众多“科技宅发烧友”的热爱。有位哔哩哔哩（B站）科技类的视频上传者（UP主），出于对苹果产品的热爱，制作了多期关于苹果产品的技术分析视频，也积累了大量粉丝，但他本人却没有经济能力购买苹果的产品，制作视频的素材也是取材于苹果线下门店中的体验。当苹果发现这一情况后，主动与这位UP主取得联系，并赠送了苹果全系产品。对于苹果来说，虽然这位用户并没有购买任何产品，但是他凭借对于品牌的熟悉度和认同感自发性地成为用户群体的分享体验官。这位UP主与苹果的关系早已处于家人阶段。

私域运营的目的和指标

随着流量红利期热度的减退，品牌通过“跑马圈地”来划分流量的时代已经过去。消费人群的年轻化也为品牌的私域运营带来了更大的挑战，立“人设”、推促销、搞活动的营销型社群运营套路已经过时。面对越来越“精明”的消费者，品牌需要转换体验思维，从用户的视角去解读私域环境下的会员体验，挖掘用户行为数据背后的动因，将营销手段转化为全面体验管理，将私域运营目标从提高复购率的营销视角转换为提高用户满意度的体验视角，重新激活私域流量中的用户价值。

在私域环境中，衡量用户体验的三个常见指标是：用户忠诚度、用户满意度、净推荐值。其中，用户忠诚度直接影响用户与品牌的关系阶段，并最终表现在用户的商业价值上，即用户是否会为品牌带来长期增长。

用户忠诚大致可以分为三类，即行为忠诚、态度忠诚和真正忠诚（见图 6-2）。

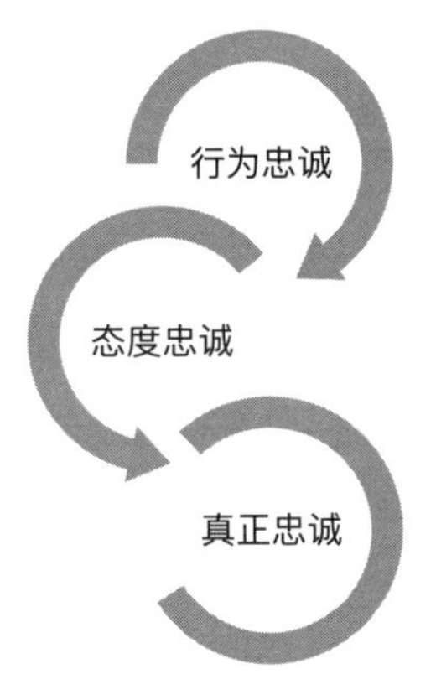

图 6-2 用户忠诚的三级阶梯

行为忠诚

行为忠诚是最早被设计出来的忠诚度指标，可以直接通过后台沉淀的行为数据获得，在很长一段时间内成为各大品牌衡量用户与品牌关系的标准值。但这一指标受限于行业的垄断限制。当市场环境中单一功能品牌出现垄断现象时，用户很容易出现被动性选择，因此行为忠诚这一指标并不能真正代表品牌与用户的真实关系。

在出行服务领域，滴滴凭借相对垄断性成为人们出行的必然选择。虽然行业内仍有花小猪、首汽、高途等打车平台，但这些品牌与滴滴相比，在市场调度车辆保有量、品牌底蕴方面都不具备优势。虽然有些用户对于滴滴的服务并不满意，但当市场中并无替代品牌时，他们只能选择成为滴滴的行为忠诚用户。如果滴滴没有完善的用户体验平台，就很难从巨大的用户体量中甄别出行为忠诚用户。

态度忠诚

态度忠诚相比于行为忠诚来说，会更加看重用户的体验感受。常用的态度忠诚衡量指标包括净推荐值、用户满意度、用户费力度。相比于通过后台行为数据沉淀下来的行为忠诚标准，态度忠诚更加关注用户在体验产品后的真实感受。但是对于品牌来说，态度忠诚的数值只能帮助其了解用户在体验完成阶段对品牌的整体印象，无法找出用户体验旅程中体验不好的关键节点，也很难了解用户低忠诚数值背后的真实原因。

真正忠诚

品牌不仅需要感知用户的态度指标，而且需要了解用户的完整体验旅程，明确影响用户忠诚度背后的关键节点，纠正用户真实体验与品牌理想体验之间的偏差，精准定义用户体验中的问题环节；通过优化旅程中的不良体验，提高用户忠诚度，实现用户与品牌的关系递进。

“三互原则”，实现私域生态共赢

品牌与用户间的关系模型，
体现了体验驱动私域运营应当遵循的基本逻辑。
当体验意识逐渐成为品牌的共识时，
如何快速形成私域环境下全面体验管理的方法论，
成为品牌制胜的有利工具。
品牌与用户通过全面体验管理实现关系层面的价值统一，
是实现私域生态有机增长的必要条件。

互动，不止使用户黏性提升

从陌生人阶段到熟人阶段，品牌应该增加互动连接，及时了解用户对品牌的第一印象。在线下实体行业中，餐饮行业是最需要应用用户体验的行业。米其林餐厅的出现缘于米其林公司销售更多的轮胎的需求，所以米其林餐厅的标准并不单纯从菜品口味上进行评价，也并不遵循普通餐饮行业的评级标准（见图 6-3）。

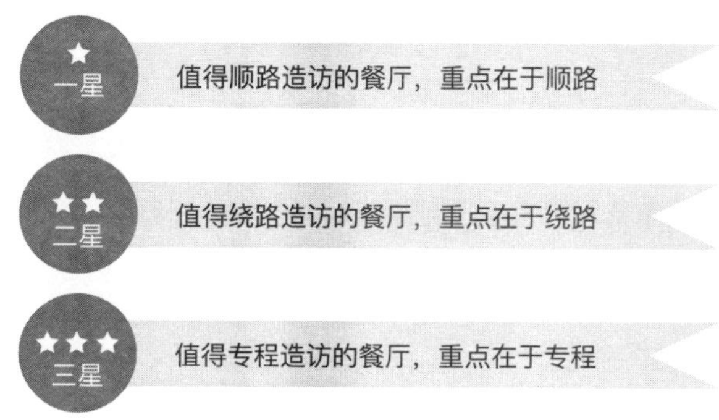

图 6-3　米其林餐厅星级标准

菜品本身的口味只是米其林餐厅评价因素中的一小部分，更主要的体验因素还包括食材 / 工艺的新奇程度、整体的就餐环境（包括餐厅装潢、灯光、背景音乐、服务形式等）以及就餐时的人文环境。在米其林餐厅中，用户更喜欢与服务员交流用餐体验，餐厅经理也经常主动去服务用户，甚至连主厨也会经常与用户喝上两杯，互相分享对食材的处理心得及烹饪技巧。

随着米其林餐厅的服务经验传入中国，国内的餐饮行业开始了最早期的体验管理。对于首次到店的用户，服务员或餐厅主管会主动招呼用户，了解用户的就餐习惯并主动推荐合适的餐品，在用户用餐完毕后会主动询问菜品是否可口。像海底捞这种以服务为招牌的餐厅还会更细致地记录用户的姓名及用餐习惯；当用户再次到店时，服务员不仅可以快速地喊出用户的姓名，而且可以根据后台的记录为用户提供更个性化的服务。很多网友在网上调侃，“海底捞甚至连我喜欢吃的小料都记得清清楚楚，每次去吃都要强制送我大包，感觉我可以回去开调料店了”。

品牌应该通过主动服务来提高其与用户的交流频次，充分了解用户对品牌的初次印象，增强用户对品牌的熟悉度和好感度，为持续性递进用户与品牌关系打好基础。

互惠，令用户价值升维

品牌应关注与用户的每一次互动，因为每个体验点都有价值。这一阶段是用户流失风险最高的阶段，用户与品牌间的互动呈高度分散的特征。品牌除了需要优化用户的整体体验外，还需要高度关注用户在体验旅程中的冰点体验。一次处理得当的不良体验事件可能恰恰是提升用户与品牌关系的机会点。

KEW3101 是个相对小众的咖啡品牌，凭借高品质的咖啡原材料、精细的研磨工艺及音乐元素，渲染出一种更有质感的生活方式。这一品牌理念受到了众多音乐爱好者的追捧，加上其定制化礼盒的独特包装风格，在“双十一”期间 KEW3101 因为抢购热潮出现了超卖现象，导致品牌只能延迟延期发货。这在用户购物的体验旅程中是非常容易造成用户流失的，但 KEW3101 的售后服务着实令人惊喜。

KEW3101 主动统计了在“双十一”期间遇到延迟发货情况的用户，

为用户寄送品牌的道歉礼盒，提升用户对品牌的惊喜度。诚恳的道歉态度和诚意满满的咖啡礼盒为品牌挽回了绝大部分的流失用户，虽然用户在品牌的初次体验并不美好，但是品牌积极负责的态度和人性化服务优化了用户售后旅程中的体验，成功地将用户的不良体验转化为惊喜体验，抓住了挽回用户的最佳时机。这次售后旅程中的体验互动提升了用户好感度，其机会点就藏在不良体验下。

互助，拥抱长期价值

从朋友到家人，品牌要创造与用户的价值共创空间，实现从私域走向公域的“生态共赢”。蔚来被传统汽车品牌视为“异类”，但是被数百万蔚来车主视为“同类”。在蔚来之前，汽车行业的话语权掌握在 4S 店内，车主的用车需求在各大品牌眼中似乎就是“四个轮子，能跑就行”。

但蔚来的出现，让车主有一个可以和品牌对话的空间。蔚来充分重视车主的驾驶需求，从功能设计、内部装饰、外观形象、驾驶体验等各个维度采集车主的体验反馈，甚至主动邀请车主参与产品设计与品牌服务的迭代。

蔚来打造了一个生活方式平台。用户购入车辆后，仿佛拿到了进入社区的钥匙。大家在社区中分享各自的生活体验，尽管 40% 的内容与蔚来无关，但车主与蔚来品牌的情感关系却在这高频的互动中逐渐从朋友升级到了家人，这也是出现“蔚来车主自发性驰援上海车展”现象的根本原因。蔚来和车主的关系并非交易关系，而是朋友及家人关系，蔚来社区中的数百万车主就是蔚来的护城河。蔚来从用户角度出发的体验设计帮助品牌创造出一批忠诚度极高的用户群体，突破了用户单一渠道感知品牌的限制，创造出用户与品牌的互动空间，以提升忠诚用户占比为主要运营目的，与用户建立持续友好的互惠关系。

随着人们消费观念及消费场景的更迭，以营销结果为导向的传统会员体系的缺点日益显现。传统会员体系缺乏对于会员核心价值的系统化思考，很难实现用户与品牌关系的进一步升级。数字科技的出现及发展也对传统会员管理方式提出了新挑战。散布于线上线下的品牌体验，都会增强或减弱其与人们之间的连接。人们与品牌的关系层次变多，会员管理需要从更为宏观、立体、长远的角度出发。

从没有交集的陌生人阶段到高识别度的熟人阶段，再到有购买记录和好感指数的朋友阶段，直至双方建立起家人般互相信赖的长久互惠关系，用户会逐渐形成对喜爱品牌的差异化认知并愿意投入更多时间了解品牌服务，继而持续购买并自发推荐（见图 6-4）。

品牌需要通过全面体验管理构建数智化会员体系，借力数字渠道，积累不同维度、不同旅程下的会员体验信息，结合会员用户基本信息、消费频次等定量数据，加上行为偏好、价值取向等定性数据，建立起更

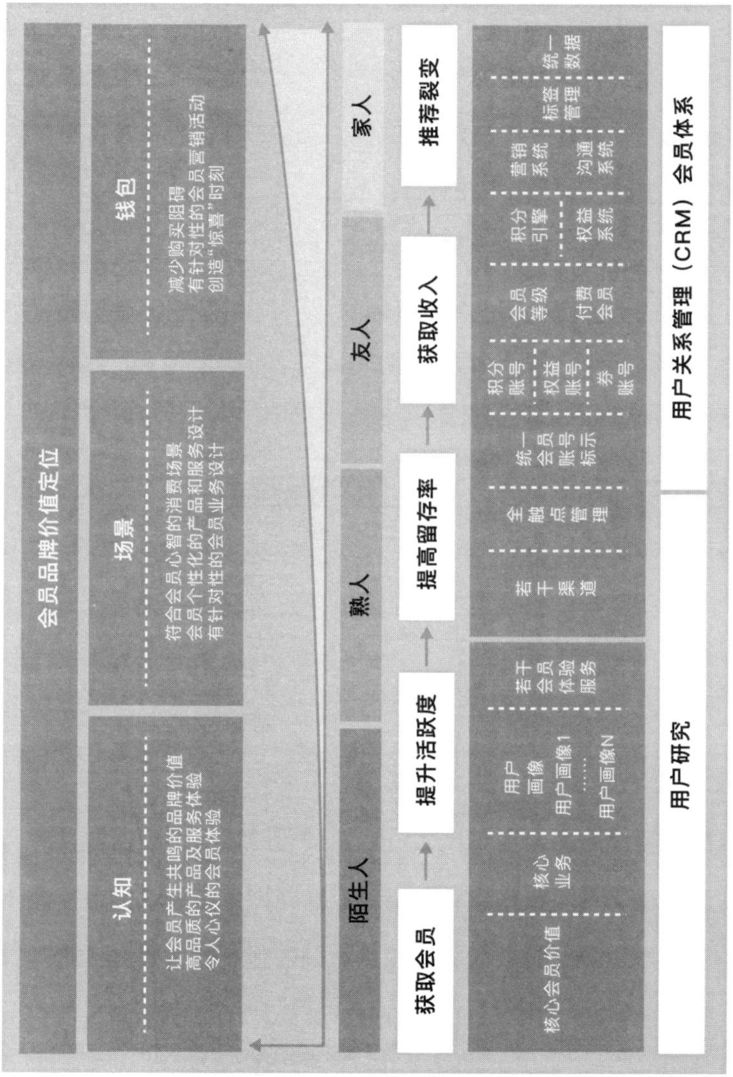

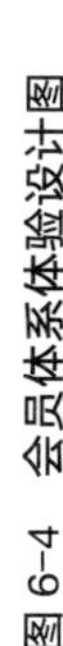

图 6-4　会员体系体验设计图

立体、清晰的会员画像及标签类型，并基于此提供核心场景服务，不断迭代会员服务及规则。

商业重心必须重新回归人本身，品牌势必会更重视其与核心人群的关系经营，而非从业务视角出发进行单向管理。品牌吸引和留住忠诚用户的方式，将逐渐转向价值共鸣和共同成长。以一致性的品牌体验连接数字时代的生活场景，增进双方关系并加深认同，也是会员体系的核心价值所在。

量化用户体验数据，打造用户运营中台

品牌应以用户视角规划用户旅程，
采集关键触点的用户体验数据，
以提高用户的整体体验为出发点，
注重与用户的每一次互动，
通过整合售前—售中—售后的完整体验旅程，
进行不同场景内体验指标的拆分，
打造用户体验数据中台。

近几年，“消费升级”“新零售”“共享经济”等新型商业词汇层出不穷。究其原因，是消费者在不断变化，从看重价格与基础功能满足，

到更看重品质感受、生活方式彰显甚至价值观匹配。品牌是否拥有对用户体验需求的感知能力，将成为存量用户运营的关键。

使用真正的 360° 用户画像

想要提高用户的整体体验，企业就要从产品、服务、沟通和环境等多个层面完整感知用户的体验旅程。例如在产品创新阶段，在确定产品方向和目标用户的同时，我们可以通过问卷调研、灰度测试等方式感知用户在产品体验阶段的需求，邀请用户参与产品创新流程，缩短新品研发时长，降低试错成本，提升产品创新的成功率。以用户为中心打磨出的新品，一定会得到用户的认可。

360° 用户画像正是为了帮助品牌获得全面感知用户的能力，通过全旅程的用户体验数据采集，衡量用户在品牌的整体体验，使得用户的体验数据（互动、态度、观点）和运营数据（消费、行为）回流到用户体验数据中台，建立 360° 感知用户体验的数据整合平台，通过多旅程、多维度系统性协同定义、匹配用户画像，帮助企业全面洞察用户的真实需求，优化会员权益配置，打造一套可以被用户感知的会员体系。

星巴克的星享卡会员体系就是一套体验感良好的会员体系。在 2018 年推出全新星享卡会员体系后，星巴克将会员分为三个等级：银星、玉星、金星，银星会员不需要门槛，用户在注册后即可成为银星会员，而从银星级到玉星级需要 25 元，从玉星级到金星级需要 1250 元，不同等级会员的权益配置也并不相同。

银星用户升级为玉星用户后可获得一张中杯兑换券，玉星用户升级为金星用户后可获得在望饮品券，用户能清晰地感知到每次升级。伴随着每次成长，会员都会被赋予“重度用户”的权益，会员体验也越发让人惊喜。同时，星巴克的会员星级并不是恒定不变的，当一段时间内没有互动时老会员星级会随之下降，而金星会员一旦习惯了高星权益就很难适应降级，从而对品牌形成可持续维系的用户忠诚度。

星巴克成熟的会员成长体系得益于对品牌用户的全面感知，通过 360° 的用户体验数据，品牌可以清楚地统计与多少会员用户沟通过，与多少会员用户互动过，用户的评价如何等，可以从更多维度定义用户标签。

企业应该综合用户满意度、净推荐值、互动习惯、互动次数、反馈标签、消费能力等指标计算用户对品牌的整体体验感知，预测用户未来的动作，洞察品牌未来的发展趋势；预见用户体验旅程中的潜在风险，帮助品牌提前完成用户体验的优化迭代，持续性追踪用户数据；实现用户体验数据平台的秒级呈现，实时感知用户体验中的情绪波动，掌握先机。

实施用户分层管理

用户分层管理是每个品牌都在做的事情，经历了流量爆发和拉新营销的时代，品牌的用户体量都保持了一定的规模，但这并不意味着存量用户与品牌之间的关系都处在同一阶段。品牌以与用户的关系模型为基础进行用户的分层管理，能够充分了解用户在不同阶段的体验需求和体验痛点，为品牌的精细化运营打好基础。

用户忠诚度、满意度和活跃度是判断用户层级的关键维度。对于品牌来说，这三个指标都是越高越好，但在更细分维度上，每类用户对品牌的需求并不相同。例如，对于满意度和活跃度都很高但是忠诚度比较低的用户来说，品牌在运营阶段需要着重提高此类用户的产品体验，在产品、沟通、服务、环境四个不同场景去细分用户旅程，完成品牌间的综合对比，重点挖掘用户在产品使用旅程中的体验数据，寻找产品体验中未被满足的需求点，从全局视角评估用户体验，重新定位产品的发力点，制定产品体验提升策略。对于满意度和忠诚度比较高但是活跃度比较低的用户来说，品牌在运营阶段需要着重提高此类用户的会员体验，改变用户对会员体系价值的认知，规划会员用户的体验旅程，全渠道采集会员用户的声音，满足用户对会员权益的需求，感知会员用户在体验中的峰值体验和冰点体验，重新理解会员用户对定制权益的需求，打造一套以用户体验为中心的会员体验提升策略。

以体验数据驱动运营

在体验经济时代，商业增长必须回归人本身，未来品牌经营应重点着眼于品牌核心会员关系的运营。以前，我们会把营销作为驱动品牌增长的主要因素，在全新的市场环境中，品牌对于用户的理解更加多维，未来与用户之间的联系也就更加紧密。随着用户与品牌关系的递进，延长用户生命周期价值将为企业带来更长期的有机增长。

利用私域转化漏斗，驱动品牌长期增长

私域运营的目标是完成转化，
企业通过全面感知用户体验完成用户分层，
重塑体验驱动的私域运营模型，
培养会员用户的忠诚度，
与用户建立良好的互动，
延长用户的生命周期价值，
建立起精细化私域运营的转化漏斗，
是实现私域转化的最后一步。

把握关键时刻的体验

行为经济学家丹尼尔·卡尼曼[①]在《思考，快与慢》中提出，人们对体验的记忆由两个因素决定：高峰（无论是正向的还是负向的）与终止时的感觉，这就是峰终定律。对于一次体验旅程，我们最终能够记住的就是峰值“最高”“最低”“最终”的时刻。我们在前面讲了很多关于冰点体验的优化，在这里，还需再强调一下巅峰体验的重要性。

在用户与品牌的关系模型中，用户在与品牌从陌生人到熟人的关系递进中并不能完整了解品牌的全部，但能记住使用品牌产品或服务中的几个关键体验，即峰值“最高”“最低”“最终”时刻的体验。企业当然不会希望用户对其的印象是最差的，所以会优先采取措施消除冰点体验，接下来就是重新设计用户在“最高”和“最终”两个黄金时刻的体验。最终时刻的体验是很好把控的，有明确的时间节点。企业只要不出错，用户就不会对品牌形成负面印象。但体验的高光时刻不好掌握，品牌经常会设计一连串的用户体验优化策略，但用户最终记住的是品牌间的差异点。

---

① 丹尼尔 · 卡尼曼被视为“行为经济学之父”，诺贝尔经济学得主，他的最新著作《噪声》揭示了人类判断的缺陷。本书简体中文字版已由湛庐于 2021 年策划出版。——编者注

很多航空公司出于对商务舱用户的重视，非常乐于提升商务舱的餐饮体验。相比于其他方面的体验，商务舱用户在餐饮方面的体验并不是最重要的，再加上高空环境下的味蕾钝化，航空公司想要通过提高餐饮标准来创造体验的高光时刻是很困难的。

是什么促使用户更进一步

“Aha Moment”是由德国心理学家及现象学家卡尔·布勒（Karl Bühler）提出的，被广泛翻译为“顿悟时刻”，在全面体验管理中被用来描述用户与品牌关系从熟人关系递进为朋友关系的关键时刻，决定用户是否会长期留存在品牌用户群体中。

脸书在早期就发现影响用户留存率和活跃度的最重要因素是在平台建立的好友数量。之后，脸书在持续不断的优化和测试中，找出了属于用户的顿悟时刻：就是确保新用户在 10 天内添加 7 个好友，完成了这个动作后，这个用户就有很大概率留存下来。在确认这个方向后，脸书将这个目标作为产品优化的核心目标之一，通过不断的优化和改进，打造了现今社交平台在新用户引导阶段几乎都在使用的“你可能认识的人”（People you may know）界面。

企业应该结合用户后台行为数据筛选出高质量用户、留存用户以及流失风险用户，从用户体验旅程角度出发感知留存用户与流失用户在旅程中的体验差异，定位流失用户转化为留存用户的关键时刻；通过灰度测试的方式验证顿悟时刻体验关键点，从而达到促进用户留存、转化的目的。

同频体验，把握住每一个小阶段的高光时刻

从用户体验旅程角度看，体验高光时刻和顿悟时刻是同频出现的。当用户感受到品牌带来的惊喜时刻时，不仅会形成旅程中的体验峰值，而且会最终促成用户的留存转化。

Instagram 在风靡全球之前，曾经有过一段很长时间的沉寂期。最初，Instagram 是一款包含社交、签到、游戏、拍照的软件，但是用户留存量非常低。经过用户分析发现，绝大多数的留存用户通常喜欢使用 Instagram 的拍照功能，Instagram 的拍照参数相对于手机原相机更加柔和，在保持高清晰度的情况下照片更符合女性的审美。因此，用户在使用 Instagram 拍照时会同时收获体验巅峰和顿悟时刻。找到了顿悟时刻的 Instagram 删除了其他功能，只留下照片、评论、点赞功能，并上线了很多炫酷的滤镜。

企业应该通过对用户体验旅程的梳理，规划关键性体验指标，结合用户行为数据，定位用户旅程中的高光时刻，实时感知用户的顿悟时刻，找出促进用户与品牌关系的关键行为，完成私域用户的留存转化。

基于产品的优化迭代及消费人群变化，顿悟时刻的体验指标并非一成不变，品牌需要建立完善的用户体验数据中台，持续地追踪用户的体验数据，洞察用户行为的趋向性变化，及时修正用户体验旅程中的关键性体验指标，形成随着用户体验数据的优化而迭代的私域关系运营模型。

全面体验管理箴言

- 私域的半封闭性既为品牌提供了更有效的触达环境，又加快了用户流失速度。在私域环境下，品牌的口碑效应被放大，是否具有快速捕获用户真实体验的能力将决定品牌私域运营体量的增减。

- 品牌需建立完善的用户体验数据中台，持续地追踪用户的体验数据，洞察用户行为的趋向性变化，及时修正用户体验旅程中的关键性体验指标，形成随着用户体验数据的优化而迭代的私域关系运营模型。

- 企业可通过全面体验管理进行用户分层管理，快速辨认用户价值，以品牌与用户关系模型为基础，实现会员用户的精细化运营，挖掘用户深层次需求，延长用户的生命周期价值。

第 7 章

落管理，持续跟踪与体验验证

Total eXperience Management

建立机制，数字化追踪体验

我们正置身于一个高速迭代的时代。
商业创新层出不穷，
究其根本是用户在不断变化，
从更看重价格与基础功能满足，
到更看重品质感受、生活方式彰显甚至价值观匹配。
品牌是否拥有对用户体验需求的感知能力，
将成为品牌增长的关键。

认知思维升级，追求体验一致性

2021 年的“双十一”活动依旧如期而来，但是消费者的热情却一改往常。经历了 2021 年直播的轰炸式营销，用户对品牌活动的甄别能力有了很大的提高。整个消费群体更加年轻化，面对“消费主义”的诱惑，以“Z 世代”为代表的年轻消费群体有了更理性的购物态度。年轻人对消费的定义也发生了变化，并不再局限于产品使用功能，而是在购物体验中寻找与品牌的共鸣感。消费者的趋向性变化让企业逐渐明白，现在年轻人的购物其实是在选择自己信赖的生活方式。

随着市场话语权的平移，品牌自说自话抢占用户心智的定位理论在慢慢失效，用户逐渐掌握了最大的选择权。面对产品功能同质化严重的市场环境，品牌与用户的沟通变得尤为重要。体验经济时代，品牌从营销导向走向了体验驱动，以用户为中心的体验优化模型是引导品牌走进用户内心的必备工具。

鸿星尔克曾经是和安踏、耐克齐名的老牌运动型品牌，但在其他品牌搭上营销快车、走上快速发展道路的时候，鸿星尔克被逐渐甩在了后面。在河南暴雨捐款事件发生前，网友们普遍认为鸿星尔克都要倒闭了。一直默默无闻的鸿星尔克在捐款事件后被推到了用户关注的巅峰，很多人觉得这是营销的结果。但我并不这么认为，鸿星尔克之所以可以在短时间内快速崛起，靠的是品牌积极正向的企业价值观和以用户体验为核心的初心。

鸿星尔克在网友心中的形象就像一个经济拮据却又满腔热忱的青年，不善言辞却有着非常强的行动力，顶着亏损 2 亿元的营业收入压力毅然捐款 5000 万元，却连个微博账号会员都不舍得买。面对国人自称“野性”却饱含“暖意”的消费行为，鸿星尔克显得既拘谨又无措。身价过亿的老板亲自下场直播介绍，只是为了回应网友的热情，认真劝导消费者“理性购买”却意外收获了无数“爆梗”（见图 7-1）。在这场全民自发的国货热潮落幕前，鸿星尔克再次以全体网友的名字向河南捐款，进一步加深了网友对鸿星尔克的品牌认知。

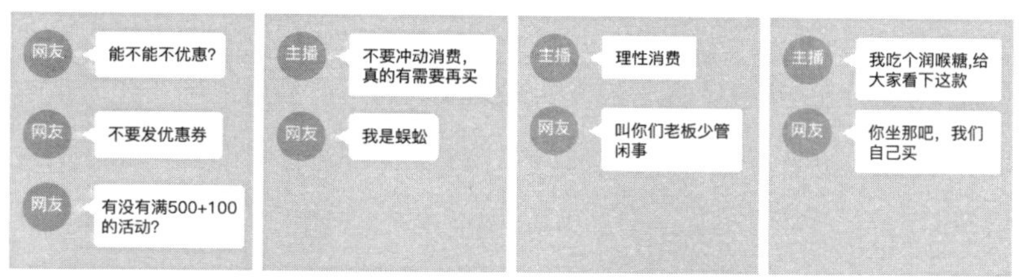

图 7-1　鸿星尔克直播间爆梗

从头到尾，鸿星尔克都没有提及品牌价值，但每一次品牌动作带给用户的体验感知，都让消费者感受到品牌最诚挚的价值观。鸿星尔克在面对众多消费者澎湃的热情时，也面临品牌内部体验管理的巨大挑战。在大家夸赞鸿星尔克产品物美价廉的同时，也出现了对售后服务不满的声音。抛开鸿星尔克本身的产能和人力资源不谈，鸿星尔克在品牌体验一致性的表现上还有一定的成长空间。

用户在品牌的体验是一个可以被规划的完整旅程。品牌可通过对旅程中关键性体验节点的划分，通过协同管理用户体验旅程与企业内部业务流程指标，从全局视角衡量用户的真实体验，完成品牌战略优化的目标，然后落实到执行层的每一位员工身上，实现体验指标的关键绩效指标分解。

建立协同机制，实现体验战略转型

相比于其他传统品牌，五芳斋的体验战略转型是非常成功的。不同于传统零售老品牌“死磕”零售的刻板思路，五芳斋更关注用户体验视角下的品牌机遇，延续老字号品牌的品质传承，既要保持与时俱进的高标准审美，又要不忘初心，坚持做不落俗套的中式餐饮。

目前，五芳斋的线下回味餐厅连锁店已经有 457 家，线上电商平台门户高达 160 家。五芳斋同时拥有 1000 多家经销商、分销商用户，利用外卖平台渠道吸纳 300 万忠实粉丝；以体验服务为导向，创造出品牌增长的第二曲线，完成了从制造企业向用户品牌企业的完美转型。

当品牌收到用户的低分评价或者低满意度调研结果时，全面体验管理系统会第一时间将用户评价反馈给相关流程负责人，结合人工智能文本分析 / 自然语言处理情感分析等智能后台，迅速识别用户反馈中的关键词，如上餐速度慢、服务员态度不好、店面卫生环境差等，帮助品牌发现用户的不满情绪，掌握挽回用户的最佳时机，精准定位用户体验旅程中的冰点体验，制定品牌优化策略，从而最大限度地减少用户流失。

品牌通过体验数据洞察用户旅程中的不良体验并及时优化。持续的数字化追踪可以对会员体验提升效果进行实时监测，形成一套可持续优化的闭环模型，真正实现体验数字化驱动下的企业运营。

传统意义上的渠道主要聚焦在售前和售中阶段，通常在用户完成购买行为后视为服务结束，即使有后续的售后服务，也只是为了避免用户退款和投诉。但是现在，渠道的核心价值正在悄然改变，渠道已经从销售渠道变成了体验渠道，并作为用户感知品牌的售前阶段纳入用户体验旅程内，担负起为整个体验链条做铺垫的使命。

在餐饮行业，为了提高店内的坪效，商家都会选择将等位区设置在门店门口，在扩大餐桌面积的同时可以减少等位区的空间占用率，一举两得，但效果却并不尽如人意。过于拥挤的等位区，不仅会给前来用餐的用户造成排队时间很长的错觉，而且简陋的等位区也很难留住愿意等候的用户。看到凌乱嘈杂的等位环境后，用户的消费意愿瞬间降至冰点。因此，将等位区设置在门店门口，不仅没有办法提升坪效，而且造成了大量的用户流失。

当然，这并不意味着等位区就应该设计在店里，而是要求品牌重视用户的“售前体验”，从用户的角度优化体验流程。例如，海底捞会在等位区提供美甲服务，同时无限量供应饮品、零食，虽然网友常常调侃“还没进去就吃饱了”，但这一系列服务却让用户感觉更舒适贴心。同样是需要等位的餐厅，海底捞当然会成为用户的首选。

与用户旅程关联，构建服务蓝图

品牌应整合用户体验旅程中的关键触点，构建服务蓝图。用户从认识品牌到完成购买，会跨越各种各样的接触点。因此，品牌对体验的管理需要基于用户跨渠道、全流程与企业接触、互动后形成的关键触点。用户对品牌的需求大致可分为三个层次：需求满足、流畅性满足和情绪满足。我们以一个用户去银行办理转账的场景为例，来帮助大家理解。

- 需求满足。需求满足能够使用户在与企业的互动中达成基本目标。用户来到银行的线下门店，经历取号、等待、叫号、窗口业务办理的过程，最终完成转账。这就是在具体场景下的用户行为流程。对用户来说，来到银行窗口能够办理好转账业务，那这家银行就满足了他的基本需求。但是用户为什么要选择这家银行呢？可能会有哪些具体的影响因素呢？
- 流畅性满足，指用户达成该目标不必大费周章。相较于亲自到银行柜台办理转账手续，用户只需要打开电脑，在网上银行输入转账信息，即可进行转账操作。
- 情绪满足。用户可以在与企业的互动中感到身心愉悦。用户在转账时有人脸识别的选项，并提示用户是否将此种支付方式设为默认方式。用户同意后，便不用在每次进入系统时都进行登录，也不用在付款界面输入密码了。

只有做到需求满足、流畅性满足和情绪满足这三个层次，用户才会长期使用企业的产品和服务。再加上对用户的忠诚激励，用户就愿意进行重复消费和自发推荐。

品牌服务直接面对用户。随着用户需求的变化，仅仅提供高品质的产品和服务已然不够了，品牌必须走向用户，从用户的角度理解旅程中不同服务的真实需求，重新设计品牌的服务蓝图。当然，品牌在构建服务蓝图过程中走了弯路的情况也经常出现。

- 某服装电商品牌为了优化会员用户的购物体验，将 7 天无理由退换货时长延长至 15 天，不仅没有获得会员用户的好评，而且加大了公司的库存压力，并提高了运营成本。
- 某会员制超市针对会员权益设置了折扣会员日，给予超值商品优惠，但经常出现个人采购与大宗采购的矛盾和冲突。商品优惠不仅没有为会员用户带来实惠，而且因批量采购的垄断导致部分用户的购物体验极差。
- 某旅游网站推出几大品牌的联名会员，虽然该联名会员享有很多的权益，但是年费会员权益需要每月领取，过期将作废，月费会员权益默认绑定自动续费。用户会经常忘记取消而导致次月系统自动扣费。

没有用户旅程的全局视角，品牌很难判断用户的真实需求是什么。

而当单一视角下的服务升级并不能被用户感知时，企业的服务蓝图也就失去了作用，形同虚设。

不能被量化的用户体验是没有价值的。用户体验的关键能力在于转换用户视角，细化用户旅程中的体验指标，通过对用户体验数据的采集完成体验量化，从而帮助品牌感知用户体验过程中的冰点体验与巅峰体验。当用户体验无法被量化时，品牌的服务设计是没有意义的，必须要将具体的提升目标拆分为用户体验旅程中的可量化的体验指标，通过采集相关指标的体验数据，验证品牌服务升级策略的正确性，才能达到体验优化的目的。

从企业角度来说，对用户体验旅程的各种优化提升策略，最终都需要落实到企业实际的业务流程里面，结合企业本身的组织框架形成体验驱动的后端管理体系，完成全面体验管理的最终落地。因此，企业的全面体验管理一定包括前段的用户旅程和后段的业务连接两条线，通过两条业务线的触点管理，实现组织协同（见图 7-2）。

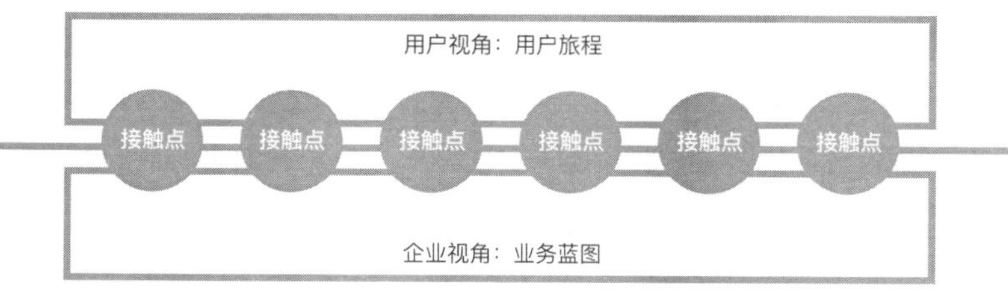

图 7-2　体验触点的双循环

例如，五芳斋在做门店体验优化时，根据用户到店用餐这一具体场景重新规划用户体验旅程，将其划分为用餐前和用餐后两大部分，将用户体验旅程中的每一个行为都细化为用户与门店互动的体验指标，建立全局体验指标矩阵，把用户满意度、净推荐值及复购意愿等关键性指标进行拆分，对应到具体的体验场景内；同时将体验指标与门店内具体业务人员相关联，保证门店体验优化的落地及监测。

在调研用户对于服务总体的满意度时，我们将用户满意度目标拆分为迎宾满意、点餐流畅、上菜满意、就餐满意、结账满意五大环节，结合具体场景再次细分为接待速度、礼貌程度、微笑热情程度三个维度，帮助品牌精准定位影响用户满意度的关键因素。同时，我们将相关指标与门店内的具体服务人员相对应，明确用户满意度动态变化的关键业务流程，在可视化后台看板中实时显示。

企业应该结合内部组织框架，设计不同的用户个性化看板。店长在后台看板中，可以看到每一项互动数据的具体分值，甚至可以看到整个区域内不同门店同一指标的对比数据。对店长来说，更多关注的是服务满意度中每一个关键互动点，如服务员的态度、菜品的口味等。区域负责人的后台数据查看权限自然是高于店长的。企业通过对不同级别的业务负责人设置不同的看板权限，可以实现用户体验数据平台的职能分层看板，从而实现整个业务的协同管理。

没有协同的全面体验管理就像是一座空中楼阁，无法将端到端的用户体验优化措施具体落地。这些用户触点就像拉链，将企业和用户紧紧结合在一起。每个触点间无缝连接，实现战略到行动的互连。

跟踪指标，持续迭代体验

伴随着全面体验管理模型的应用，
用户旅程中的体验指标也在随之调整，
企业应持续洞察体验盲区，
从体验视角聚焦管理的闭环迭代，
构建一个可动态监测、闭环迭代的全面体验管理模型。

我们一直强调全面体验管理并不是一个工具，而是一种体验驱动的管理体系。不论是用户旅程还是体验指标都不是固定的，都是随着用户需求和企业发展动态变化的。因此，描述全面体验管理的两个关键词就是：持续性和动态性。

- 持续性。在持续的互动中，用户体验会保存、累积和叠加，当预期目标达到时，整个体验不是结束，而是已经实现。
- 动态性。体验不是静态的，而是动态的。当一种体验成为普遍形态，用户就会追求新的体验。

可持续跟踪体验指标

品牌的核心竞争力，体现在洞察、感知用户需求，维护与用户关系和共创品牌方面，而所有这些的核心就在于是否能够持续为用户提供最佳的体验，形成不可被模仿的核心竞争力。对品牌来说，好的体验体系是迭代出来的（见图 7-3）。

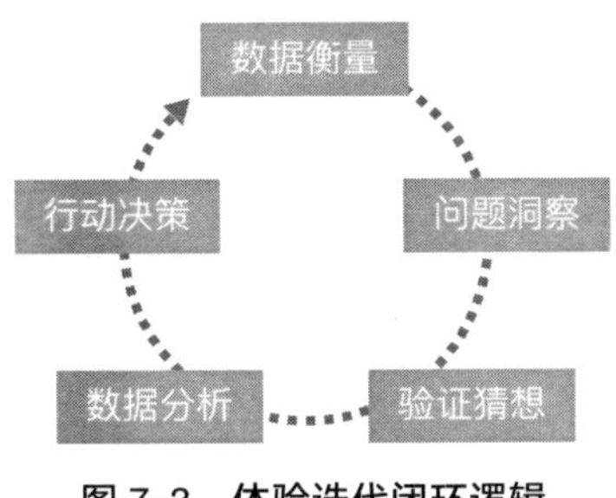

图 7-3　体验迭代闭环逻辑

企业需要分析用户旅程地图，寻找关键举措。比如，是否可以更改顺序，在用户意想不到的环节增加新的价值，为他们创造独特的体验。如今，被惯坏的用户越来越挑剔，企业必须具备精益创新、持续迭代的能力，持续不断地为用户提供极致的体验。体验迭代，还需要吸引整个团队的参与。除了合理的战略方向，成功的体验创新需要激励和培训大量的员工，因此，全面的组织参与至关重要，通过不断扩展，最终激励并改变整个企业。

作为全球数一数二的互联网集团的掌舵人，马云用了十多年的时间将阿里巴巴做成世界第一大电子商务平台，其理念之一就是做好互联网的渠道体验。

大型的电商平台，本质上可以定义为销售电子化的平台。对企业而言，电子商务的初衷就是互联网模式下的新渠道。阿里巴巴利用大量的互联网工具和手段对传统的卖场式业态进行变革，这当中包括很多渠道环节的再造。比如，支付宝的诞生、快递物流的上门模式……这些都是从渠道中营造体验的最突出变革。十几年来，阿里巴巴对我们生活的改变有目共睹，为我们带来了各种便利，即使不与阿里巴巴发生业务往来的用户，也可能会使用阿里巴巴的各种平台工具。

用户对品牌的感知很难具体表现在某一个功能或者某个节点上，而是对品牌整体的感知。就像我们使用的淘宝、今日头条、微信这些 App，能引起我们关注和认同感的并不是功能上的增加、删除或者改动，而是围绕用户体验进行的升级，随着用户需求的增加而调整。所以我们说没有最好的体系，只有以用户体验为中心的持续迭代。

持续不断地获取用户感知和人群特征

不断迭代的人群画像

用户画像是品牌进行精细化运营的基础。绝大多数的企业对用户画像都有了初步的认知。对用户画像的定义大致可分为两个层次。第一个层次的用户画像是相对粗浅地对用户基本属性的统计，通过对用户基本属性的直观表述，包括年龄、性别、婚姻状况、受教育程度、职业、收入等基础维度的预估，对用户群体进行一个大致区分，预设该类用户群体对于品牌的需求点，将预估出来的用户需求应用在产品或服务的设计中。

但在这一阶段用户画像并不是每一个具体的人，而是标签属性相似的一类人群。新浪微博就是一个典型的例子。最初，新浪微博的设计主要是为了满足一二线城市的白领的使用，此时的用户画像可能是这样的：一二线城市、20 岁到 30 岁、较高教育程度、白领。在这一阶段，新浪微博所有的产品交互和流程设计可能都是据此进行的。

随着新浪微博的逐渐发展，它的用户群体已经发生了明显的“下沉”，越来越多三四线城市的“草根”用户开始使用新浪微博。对于这种情况，新浪微博的整个产品、功能、交互设计等，都应该有所调整。在这一阶段，用户画像有时候可能不能及时满足用户需求，因此，企业就需要更深入地了解每一位用户。

第二个层次的用户画像是指通过对用户运营数据（交易金额、购买次数、复购频率等）和体验感知数据（售后评价、满意度、净推荐值等）进行融合分析，形成的更细分维度的用户画像。品牌需要了解每个具体用户对品牌的整体感知，洞察用户行为数据背后的相关体验，找到隐藏在用户体验旅程中的动因。

以私域转化为导向的会员成长与用户行为数据有关。比如，在星巴克的星享会员体系中，用户购买频次越高，会员等级越高，但同时，会员的成长路径与会员对品牌的预期也有很大关系。品牌通过用户画像洞察用户在体验旅程中的真实需求，持续优化用户体验来提升用户的整体体验，实现用户与会员关系的递进，提高用户忠诚度。

对于星巴克来说，玉星会员到银星会员等级的升级正是将用户从熟人变为朋友的阶段。对于银星会员来说，持续发放的咖啡用户券是刺激用户持续购买的主要原因。在这一阶段中，星巴克利用各种促销手段不断吸引用户复购，培养用户的忠诚度。

星巴克利用更高等级权益的配置，激活用户对于金星会员的更高期待值。当用户喝咖啡的习惯已经养成，以品牌高等级权益来引导用户对品牌的绝对忠诚，能够增加金星用户与品牌的互动频次，最终实现从朋友到家人的终极成长。

不断迭代的体验指标

品牌应该根据业务影响程度及体验影响程度，将较高层级指标及部分重点关注的较低层级指标作为追踪型指标。而更加细分的指标，应当作为“备战储备”，在高层级指标表现不佳时，及时调用、实时分析。

指标的分析不能脱离整体的业务。任何指标归根结底都是为体验所驱动的并为核心指标服务的。品牌应该通过目标—指标—标签—权重的层层数据体系分析每一层指标对整体目标的贡献。凡是脱离了用户动因分析的体验指标变化都是无效的。当品牌的某项指标发生变化时，如果品牌此时基于假想用户的画像做下一步规划，那体验驱动的意义也就不复存在。我们衡量体验驱动的结果，更要探究用户体验现状背后的原因。要找到根本原因，从根源上进行改善，才能从基础层迭代出体验驱动的增长模型。

比如，用户的净推荐值非常高，但是真正由用户推荐带来的新用户却并不多，有时，品牌甚至引导用户帮忙转发产品海报到朋友圈、转发信息到好友群，用户都是拒绝的。那大家一定会猜测，用户对于产品并不满意，但是在实际案例中用户对产品和服务特别满意。

一个在线教育的企业日常会做一些调研，并发现用户的满意度接近满分，净推荐值也非常高，对老师的评价也很高，但是系统里类似周周分享、朗读打卡分享之类的活动，用户参与度不足5%。品牌给了很高的用户激励，但是用户参与度并没有明显的提升。该企业做的是学前素质教育的产品，家长的朋友圈会有同学的家长，但是家长并不想让孩子的同学们也知道这个产品。

大家都在说教育“内卷”，并不完全是在开玩笑。一个班级里的孩子会有攀比，就像氪金游戏，谁先使用了道具，那谁就更有优势。如果大家都使用了这个“道具”，不就站在同一水准线上了吗？因此，家长不愿意将产品分享到朋友圈。

是不是类似的产品都不能通过分享完成裂变呢？在没有竞争冲突的场景中，一些产品是可以分享的，比如说分享到家庭群。在没有竞争和攀比的环境中，品牌引导用户进行分享也就容易很多。这里的前提是我们要实时感知并了解用户的特殊情况。

不断地复盘用户感知

用户的体验感知是有优先级的，在体验优化过程中同样也要优先解决最重要的冰点体验。在前文中，我们提到了用户满意度和重要优先级的四象限模型，用于区分用户冰点体验的优先级问题，其中满意度低且重要性高的体验问题是需要首先解决的。

品牌通过对用户体验的实时感知，了解体验旅程中不同问题的优先级，实现体验优化节点的自动化迭代，不断复盘用户体验，逐步提升用户的整体体验。比如，在线下门店服务中，品牌通过采集用户体验数据，发现用户体验中的冰点体验有以下四个点：服务员态度恶劣、等位时间过长、上菜慢、想吃更多创新的菜品。运用四象限模型，我们可以将以上四个需求进行优先级别的划分（见图 7-4）。

对于线下的餐饮门店来说，服务员是接触用户的第一道防线，服务员的态度将直接影响用户对品牌的整体感知，这也是我们前面一直强调重视员工体验的主要原因。标准化的门店服务管理能够规范用户体验旅程，统一品牌对外的基础形象。基础形象不仅包括服务员的服务态度，还包括门店的装修风格、灯光音乐、用户就餐动线等关键节点。

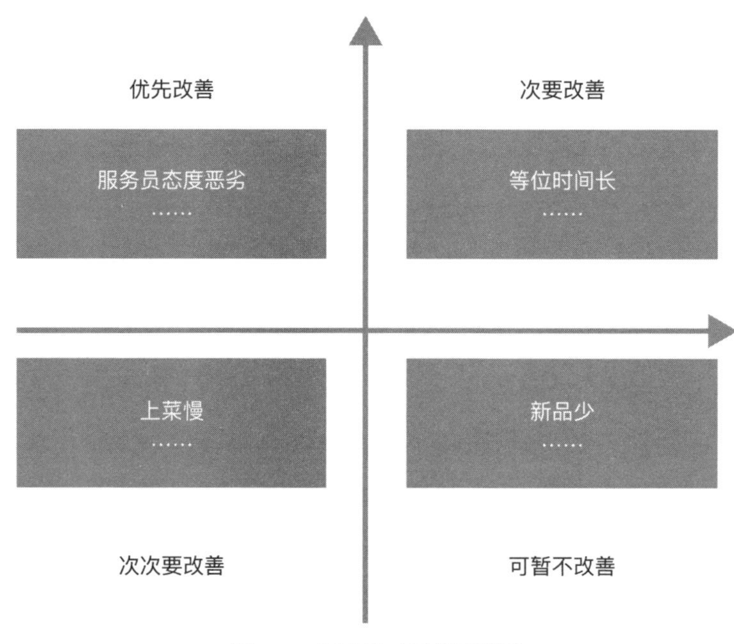

图 7-4　用户需求四象限模型

同时，将体验旅程与企业业务流程进行协同管理，提高连锁门店的管理效率，让企业可以横向对比不同门店、不同店员的服务水平，以体验管理的数字化工具代替“神秘顾客”，使得用户体验的感知更灵敏，体验数据的采集更全面。

在体验优化进程中，企业应该实时感知用户体验的动态变化，不断丰富用户画像，持续调整不同阶段的体验优化指标，形成一套自动迭代的体验优化模型。

对于品牌来说，体验优化并不是一个有明确时间阶段的短期目标，而是以体验驱动品牌不断升级的长期战略。完成了体验指标拆分、体验管理体系搭建、旅程协同管理等基础建设后，全面体验管理的持续迭代优化模型才算真正落地。

图 7-5 是基于用户旅程的全面体验管理体系模型，包括运营层（体验指标、体验触点）、互动层（互动内容、互动形式、互动方式）、数据层（体验数据、用户标签）。

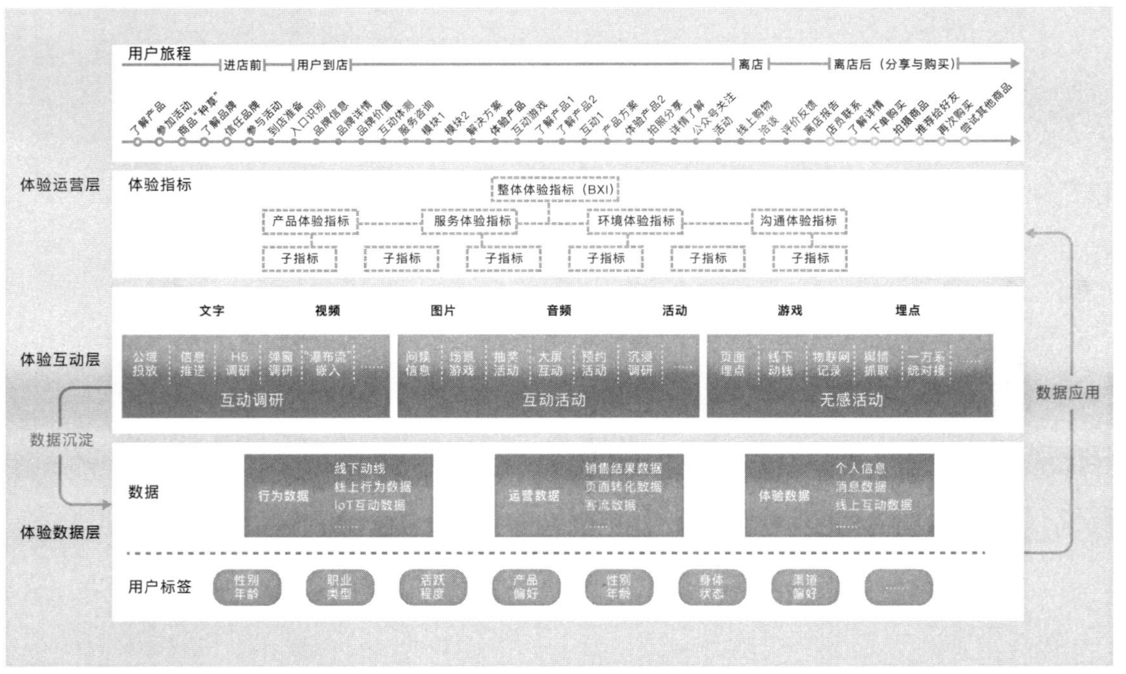

图 7-5 基于用户旅程的全面体验管理体系模型

全面体验管理箴言

- 体验并不是某一个单一问题的解决方案，而是一套可循环验证、持续优化的全面管理体系。
- 体验旅程规划及指标设计考验上层的体验战略，用户数据采集、分析、洞察等整个数据管理平台则更偏重全面体验管理软件技术的底层能力，品牌可通过整合体验战略和体验数据管理平台的双项能力，打通品牌全面体验管理的通路，最终形成可持续追踪、验证的全面体验管理模型。
- 全面体验管理的“权责利”体系，应随着用户体验的优化而逐步升级。

第三部分

未来之路，打造体验驱动的组织

Total
eXperience
Management

第 8 章

全面体验管理，让组织与用户共生

Total eXperience Management

组织变革，从围绕物到围绕人

长久以来，企业围绕利润而生，

但循其根本，利润源自用户价值，

以用户价值为导向的企业，与用户共生的组织，

才能基业长青。

前文我们论述了企业面临的增长问题以及如何进行全面体验管理。那么，为什么要在现在来谈全面体验管理呢?

增长困境，看似发生在营销端、产品端，但背后有一个根本原因：传统的组织管理理念和模式，已经无法适应新的经济形态了。德鲁克曾说，企业的目的是创造用户。如何创造用户？从增量市场到存量市场，组织越来越需要回归人的视角，为用户创造价值，以用户为中心驱动增长。但是企业要打造完整的增长闭环，需要强有力的组织机制来支撑，需要匹配用户驱动增长的新型管理模式。因此，这一章我们要解决的问

题是：改变认知，推动组织从利润导向转为用户价值导向。一个品牌、一个企业首先要以用户价值为导向，从用户端倒逼企业来创造价值。

在传统的管理视角中，“用户”没有在组织中出现，也没有明确的部门能为用户代言，整个组织过程都是围绕产品、利润展开的。最典型的代表是美国哈佛商学院著名战略学家迈克尔·波特（Michael Porter）提出的价值链分析法（见图 8-1）。波特在组织内部将商业价值的流动围绕部门职能进行了拆分，将使企业内外价值增加的活动分为基本活动和支持活动，基本活动涉及企业生产、销售、进货物流、出货物流、售后服务等。

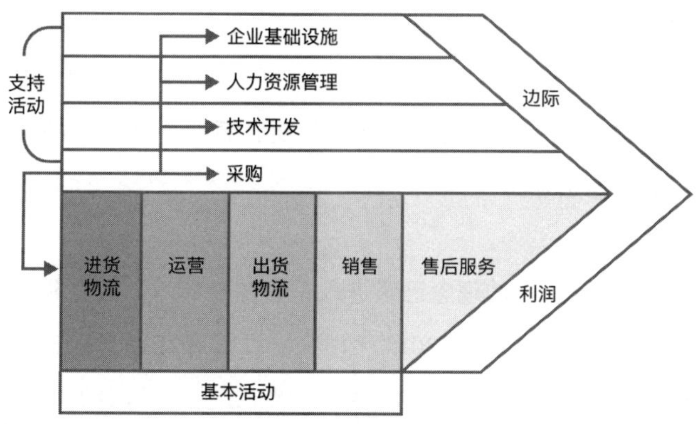

图 8-1　波特价值链分析法

简言之，传统的组织架构是围绕利润而生的，是围绕“物”的生产销售而生的，基本看不到“人”的存在。即便在人力资源管理的部分，企业也是为了提高“物”的效率而管理员工。围绕“物”的组织架构设计实现了分工并提高了效率，但是本质上，这种价值链只适用于产品经济。在一个产品的完整链路之上，运用波特价值链分析法的企业可以最大限度、最高效地围绕产品进行生产、制造、销售、运输等。

当我们进入服务经济时代，甚至体验经济时代时，关注的对象不应再是产品，而是用户，是完整的人。某些产品的用户体验可能是好的，但售后服务不好；某些产品的营销广告说得漂亮，实际体验却让用户感到失望，无法兑现广告中的承诺。所以，在新经济形态下，企业需要创造用户价值，而其本质是改变管理认知，改变思维方式。近年来，国内外越来越多的企业从利润视角转化为用户视角。它们一开始可能是在服务端重视员工的行为规范，如航旅、咖啡店的员工手册；在产品端重视用户交互体验；在营销端重视对差异化人群的洞察；在品牌端与用户进行共创、共建；在运营端与用户保持长期联系，于是开始进行私域运营、构建会员体系等。

“以用户为中心”的理念已经进入企业各个部门，而企业的终极目标就是要与用户实现共生。2019 年以来，以陈春花等为代表的管理学界的教授，提出了用户与企业“共生”的概念。上一阶段的利润价值链，能够在一定程度上反映企业所创造的价值，但没有在本质上与真正的价值需求方、购买方，即用户联系起来。因此，上一阶段的利润价值链只是阶段性地适用于企业。同时，以关键绩效指标为导向的组织文化，导致部门间壁垒重重，考核指标无法以用户为中心。无论是用户价值传导，还是体验感知，抑或是商业创新，都会受阻。这也导致目前组织管理主要出现两个方面的问题。

- 第一，组织流程和目标管理。传统的商业指标，如营业收入、利润等，会拆分为组织部门的考核指标，但部门间已经形成“筒仓结构”，企业难以打通部门之间的壁垒，而且很难协同各部门进行用户体验管理，导致“以用户为中心，打造最佳用户体验”始终停留在口号层面。
- 第二，组织数字化管理。进入数字时代之后，部门之间、线上线下的数据大量沉淀，但形成了信息孤岛，企业很难打通从用户到组织内部的数据，不能形成良性的信息循环。即使有一些企业积累了对于用户和体验层面的洞察和认知，也很难联动其他业务部门，进行协同管理。

那么，如何让“以用户为中心”的口号落到实处呢？如何让企业实现与用户共生呢？其关键在于，让用户通过体验的方式亲自感知到企业创造的价值。用户感知到的并非只是企业在静态地提供产品或服务时为其创造的体验，还包括了企业在较长的一段时间里与其动态互动时所创造的体验。

贝恩咨询的报告《缩小支付差距》（*Closing Delivery Gap*）显示，“80% 的总裁认为他们的产品及服务与竞争公司相比是有差异的，但是只有 8% 的用户同意这一点”。企业主观地创造价值，但用户可能感知不到。

如果企业得不到用户的反馈，就极其容易陷入“自嗨”。

战略迭代，从产品供销链到用户价值链

从产品经济时代进入服务经济、体验经济的时代，
企业需要转换视角，
以用户旅程体验为核心，
将体验指标作为统一指标与业务挂钩，
才能找到新的出路。

点状的、分散的体验是不够的，只有管理层意识到全面体验管理的重要性，才有可能形成新阶段的新型战略地图。当我们回归商业价值创造的本质就会发现，价值创造最终的落脚点始终是“人”。人与品牌的体验直接相连，企业通过制定不同的品牌战略，提供差异化的体验与人相接，这样就打通了“人－体验－商业价值链”（见图 8-2）。

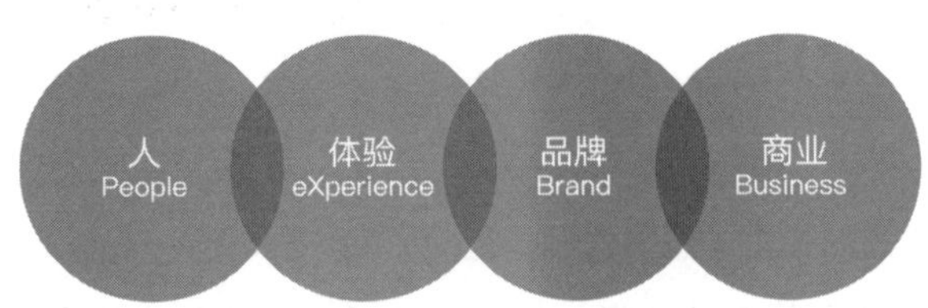

图 8-2 人－体验－商业价值链

正如德鲁克所言，没有衡量就无法管理。只有将用户的价值拆分并融入企业管理流程之中，深度实现用户旅程的数字化，将员工业绩和体验驱动力直接挂钩，才有可能实现从用户价值到商业价值的连通。

那么，应该如何衡量企业所做的各种品牌营销、产品服务呢？企业有没有为用户创造价值，其中有多少被用户感知到了，就需要用数字化手段来进行评估和量化。从用户视角，目前一些测评指标已经出现了。比较常见的指标是用户满意度，用户满意度的数据通常通过问卷调查的方式进行采集。但满意度调查存在两个方面的问题：一是只能在用户购买了产品或服务后进行，因此很难了解一些潜在用户的想法和现有的舆论对于品牌产品的影响；二是企业进行的调研和访谈，并不能反映所有用户真实的想法，部分用户会回避，因此我们收集到的数据并不能完整地反映用户的真实想法。对此，解决方法是通过收集公域消费者数据（User Generated Content，UGC），即用户自然反馈数据来进行补充。

另一种流行的指标是净推荐值。但净推荐值与体验、整体体验并不是完全对等的，它的问题在于：一是只能点状地进行提问、收集数据，并不能在系统的体验旅程上挖掘有效反馈；二是这种方式同样不能获得用户的真实想法，因为净推荐值有定向投放人群，难以全面了解核心用户，也无法确保用户在填写问卷时表达了自己的真实想法。因此，我们就需要一个更加全面的指标来评估品牌对用户创造的价值，测量这些价值是否被用户感知，有多少被用户感知到了。一个新的综合性指标就是品牌体验指数（BXI）。我们在前文中介绍了BXI，下文会将BXI与组织管理相结合，进行更详细的分析。

管理要走向“全面”，可能就始于一个点，由点到线，再到面。企业需要一个综合性指标，而BXI就是一个切入点。我们需要从BXI出发，转换视角，看到问题，定位问题。BXI能够全面反映用户对品牌的感知，并能够将用户体验指标与组织内部的其他指标连接起来。

BXI是一个浓缩了全面体验的“点”，能够分析出组织管理的问题，也是一个从业务视角转化为用户视角，以体验驱动组织变革的“起点”。

新型指标，体验时代的价值“风向标”

BXI包含体验感知度、整合度、匹配度三大板块。
企业应该分别基于全面体验管理的框架和模型，
通过采集公域用户数据，
结合私域问卷、深度访谈的用户研究，
量化三大板块，描绘用户对品牌全面的体验。

对于用户反馈是否真实的问题，BXI可以在全网同步采集舆情数据，包括公域消费者数据和私域定向投放的问卷、调研等。大小数据的结合互补，能够帮助品牌获知真实全面的用户体验，从而全面提升用户体验。

体验感知度，用户是否感受到了关键业务的价值

最让管理层困扰的一个问题是：用户是否感受到了关键场景下品牌想传达的价值。“感知度”解决的就是这个问题。它将用户体验旅程的触点对应到部门业务表现，从用户端定位具体到业务部门人员的行为或指标上，从而实现动态迭代。

体验感知度指标站在用户视角，回归用户体验旅程和触点，为关键体验点制定相关词标签。企业可以利用爬虫技术获取社交媒体上的信息和内容，可以利用自然语言处理技术判定用户感知度（见图 8-3）。利用体验流程节点获得大小数据，并结合定量问卷和定性访谈，企业不仅能快速完成对单个品牌用户体验的分析，而且能迅速对标竞品并且实现动态追踪，展现出全行业的特点。

图 8-3 呈现了用户购买咖啡的部分旅程。聚焦体验感知度的旅程全景图，不仅能够帮助企业理解从商业语言到用户语言的转化，更能从用户视角通过大数据感知用户情绪，而且能够回归用户的体验触点，发现和定位企业的问题，从而将用户价值和组织员工表现真正对应起来。全

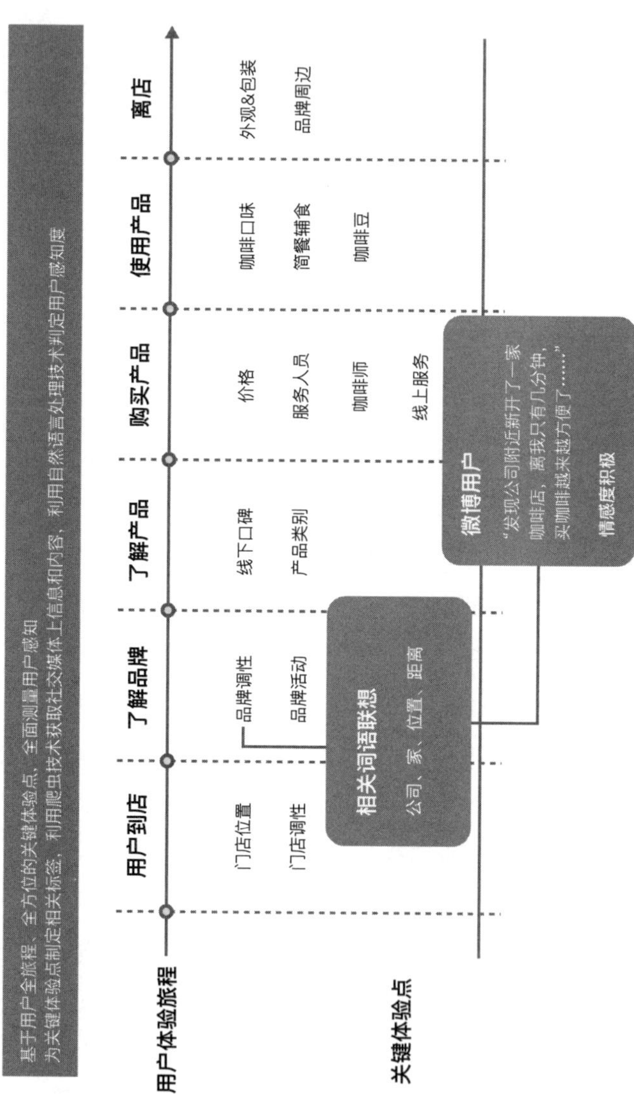

图 8-3　体验感知度全旅程关键体验点

面体验管理，可以通过对这些关键触点的进一步埋点和数字化，让企业更及时、有效地获取用户体验，实现持续迭代。

体验整合度，企业有没有围绕用户打造连贯一致的体验

很多品牌都面临的一个问题是：在不同的场景，让用户感知到的体验是断裂的、参差不齐的。原因就在于，不同的部门有不同的工作形式、方法和业绩指标，如果管理层和战略层没有达成一致，企业就无法围绕用户打造连贯统一的体验。

企业将体验管理上升为管理层的职责，才可能从用户视角打通组织各个部门，发现组织中的体验短板。“整合度”基于用户的整体体验，去反观品牌、营销、运营、客服等部门协同提供的服务，衡量各个维度的体验是否连贯、统一。图 8-4 所示的品牌体验整合度表现就非常一般。其中，行为体验较好，环境体验比较薄弱，从而导致用户体验断层，并不连贯统一。品牌如果想通过体验创造价值，就必须保证用户在每个环节的感知都不会断层。因为每一次不一致、割裂的体验，都会影响用户与品牌的长期关系。就如同公众人物人设崩塌一般，品牌在某一个点上让用户过于失望，就会失去用户。

体验整合度能够在一定程度上解决组织架构中的体验短板问题。比

体验整合度

比较消费者在四大体验维度（产品、沟通、服务、环境）的体验感知度与品牌整体感知度的偏离程度，衡量品牌在各个维度的体验是否整体、连贯

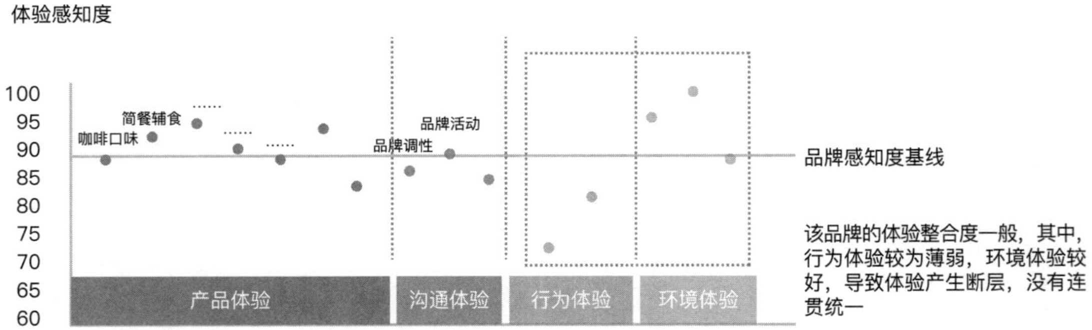

体验感知度

100
95
90
85
80
75
70
65
60

咖啡口味
简餐辅食
......
......
......
品牌调性
品牌活动
品牌感知度基线
产品体验
沟通体验
行为体验
环境体验

该品牌的体验整合度一般，其中，行为体验较为薄弱，环境体验较好，导致体验产生断层，没有连贯统一

图 8-4　四大体验维度

如，我们在过往研究中曾调研过茶叶品牌的 BXI，发现不同品牌的体验差异非常明显，包括如图 8-5 所示的某些高端茶品牌在品牌故事上也会出现断裂，会严重影响整体的品牌体验。

从产品视角转换到服务视角，再转换到体验视角，企业需要在传统的组织架构中发现短板并补齐短板。各体验维度的感知度与品牌感知度的偏离程度越小，则表示体验整合度越好。

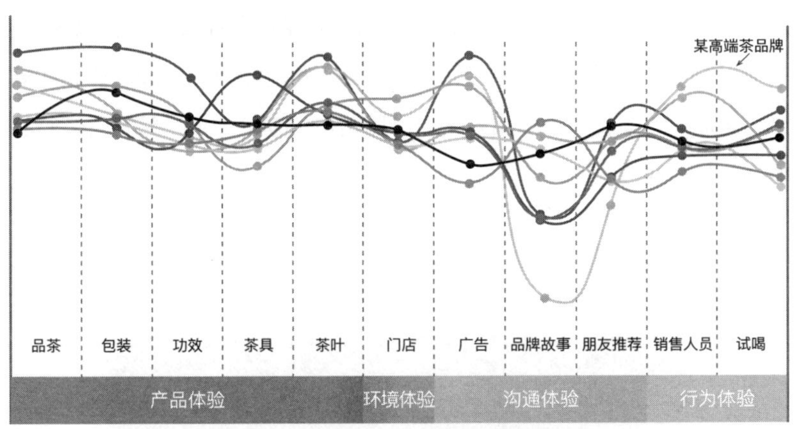

图 8-5　茶行业四大体验维度

在咨询实践中，我们在研究某些特定行业的时候，会发现一些行业共性的短板，那么这可能意味着存在体验创新的机会。

体验匹配度，品牌是否做到了给用户的承诺

品牌一旦做出承诺，就一定要履约。广告营销传播如同承诺，而用户感知和体验到的就是履约的程度。体验匹配度就是要通过量化的手段，呈现出履约程度较低的点、品牌的“自嗨”点、出现鸿沟的点。

体验匹配度基于品牌价值和用户感知的匹配度，衡量品牌价值传达有效与否（见图 8-6）。品牌价值源于品牌的官网、官方微博等，是对品牌宣言、品牌定位的论述。用户感知依托于前文提及的体验感知度。我们可以通过两者之间的差异，发现品牌定位与用户感受到的体验的差异，从而更好地统一组织内外部对品牌定位的理解，形成品牌营销与其他部门的协同效应。

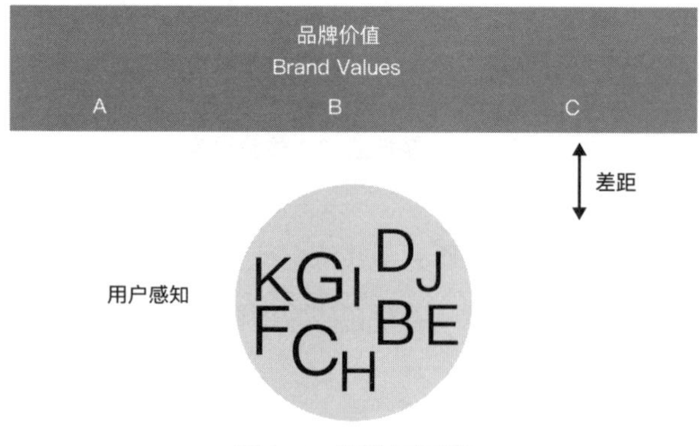

图 8-6 体验匹配度

体验匹配度解决的问题就是“用户感知到的价值”与“品牌定位宣言”之间的动态平衡。体验旅程与用户价值能够帮助品牌更好地发现问题，避免一味沉浸于良好的自我感觉，也可以在长期的动态演进中进行品牌的创新定位。

结合 BXI 和体验成熟度模型，企业能将用户可感知的价值与组织内部职能对应起来，形成能够发现问题、落实到部门和具体人员的量化模型。企业能够在体验感知度上，发现体验的弱项，发现组织中的问题，有针对性地提升品牌口碑；在体验整合度上，发现组织中的体验断层、部门短板；在体验匹配度上，发现品牌承诺与用户真实感知之间的差距，从而进行弥补或修正。

BXI 具有全面性，能够完成从用户到商业价值的整个价值链的传导，形成从用户价值、商业价值到组织员工行为的闭环。因此，BXI 是一个“牵一发而动全身”的指标。企业如果明确了其体验成熟度，就更明确其正处于哪个阶段，未来要走向哪里。

为什么有的品牌会形成不好的口碑，其问题就出在组织层面。有一些品牌对体验战略的重视程度不够，没有真正理解用户，资源投入得不够均衡，或是某些部门的表现不佳。这些问题都能够通过 BXI 显示出来。因此，企业想要基业长青，长期为用户创造可感知的价值，BXI 就可以帮助其实现目标。

一些真正能从战略层面就意识到体验重要性的企业，比如苹果，就能够更好地完成全面体验管理。乔布斯曾经把自己视为苹果的首席体验官，从产品、服务、零售空间、员工行为到品牌营销，整个组织传递的所有用户感知都高度统一。苹果能够创造出这样协同一致的用户体验，其一在于组织自上而下对体验的重视度，其二在于整个组织架构流程决策中，体验始终是重要的一环。

在有了 BXI 之后，企业还需要一张行动地图，以帮助其明确自己所在的位置，并且借助体验成熟度模型，最终实现以体验为核心的组织文化和形态。

体验成熟度模型，助力企业形成体验文化

谈体验容易，
做全面体验管理难，
借助体验成熟度模型，
企业能看到实现全面体验管理的清晰路径，
步步为营。

前途是光明的，道路是曲折的。全面体验管理确实是一个新的事物，品牌、学术界和资本界都在不断摸索。随着时间的发展和数据的积

累，目前我们能够从苹果、蔚来、招商银行等品牌的发展看到，体验的全面管理对组织的可持续增长是卓有成效的。

对于组织来说，要走出第二增长曲线，就要下决心在体验上投资，但这也容易遭受内外部阻力。当下的苹果、蔚来，已成为探索以用户为中心、为用户创造价值和更好体验的范例。但在初期，这些企业无一例外地遭到了资本界、同行、用户的质疑。因此，这就更需要走在这条路上的人，能够看到清晰的路径，坚定体验创造价值的信心。也就是说，我们需要知道整体的发展路径和目标。

综合大量的咨询实践和学术界体验专家们的研究，我们形成了五大体验成熟度的阶段：产生兴趣、开始投资、有序管理、有机组织、形成文化。五大体验成熟度在品牌、组织和指标的维度上进行了细分，企业的管理层能够通过维度的划分和关键指标，定位自己所处的阶段和未来的路线。这里我们直接采用前一节介绍的 BXI 作为指标和框架来进行讨论。当然，在实际中也会涉及其他指标。

表 8-1 简单阐释了体验成熟度五大阶段的特征。体验成熟度的发展是循序渐进的。我们从三个维度来衡量企业的体验成熟度：品牌、组织以及体验指标。在品牌维度，我们从产品、服务、环境和沟通四大方面进行衡量。在组织维度，我们从体验负责人、体验组织形态、机制流程以及体验标准四大方面进行衡量。在体验指标上，我们重点对应前文介绍的 BXI 的三大板块对企业的体验成熟度进行衡量。

表 8-1 体验成熟度五大阶段的特征

成熟度阶段		产生兴趣 Interested	开始投资 Invested	有序管理 Managed	有机组织 Institutionalized	形成文化 Cultured
描述		体验往往不在战略规划之内，对体验的认知局限在产品和服务上	将体验作为产品开发的一部分来考虑，包括产品的使用方式与用户需求的关系	将体验置于整个用户体验旅程中进行规划、设计、评估和管理	体验是企业的重要组成部分，并推动形成体验战略	体验是企业文化的驱动力，对企业的竞争优势至关重要
核心商业问题		通过体验设计来增加产品的竞争优势，吸引潜在的用户	通过解决用户需求和可用性问题来吸引潜在用户	与竞争对手相比，通过改善用户旅程，转化更多的潜在用户并保留现有用户	利用品牌体验增加为用户创造的价值和他们的品牌忠诚度，以促进业务发展	确保所有员工对提供用户体验负责，使企业持续发展，形成一个整体
品牌整体体验	产品体验					
	服务体验					
	环境体验					
	沟通体验					

续表

成熟度阶段		产生兴趣 Interested	开始投资 Invested	有序管理 Managed	有机组织 Institutionalized	形成文化 Cultured
组织	体验负责人	普通员工	项目经理	总监 / 副总裁级	首席体验官或首席执行官	首席执行官
	体验组织形态	个体的设计师和研究员	分散化的用户体验小组	中心化的用户体验团队	中心化的体验部门	融入组织各部门的体验小组
	机制流程	没有相关流程	体验进入某些部门流程	体验进入组织机制	体验嵌入管理决策流程	体验相关企业机制完善
	体验标准	无标准	点状标准	部门标准	从总部到分部	除了硬性标准，已经深入人心
BXI	体验感知度					
	体验整合度					
	体验匹配度					

阶段一，产生兴趣

在体验成熟度的第一阶段，企业往往对于体验的理解和应用局限在产品或服务上。体验优化和设计并不是企业战略的一部分，而是在出现一些问题的时候，部分管理者意识到了体验的弱点，从而开始进行设计或优化。

- 从品牌维度看，其体验管理仅局限于对部分产品和服务的体验规划和设计。
- 从组织维度看，在组织内部的人力资源方面，体验往往由员工来负责设计与规划，职责分配仅局限于个体设计师或研究员。企业对体验的设计与规划仍然处于各自为政的状态，没有进行跨部门协同。

在这个阶段，企业对体验的期望在于提高产品的竞争优势，解决同质化的商业问题，吸引潜在的用户。

阶段二，开始投资

在体验成熟度的第二阶段，企业开始将体验作为产品开发的一部分来进行考虑，包括产品的使用方法、用户交互方式。在这个阶段，企业将体验视为一种解决用户需求的手段，不断优化产品和服务，从而吸引潜在用户。在这个阶段，虽然体验依旧局限于产品与服务设计层面，但开始出现体验设计的独立项目。从组织维度看，在这个阶段，企业安排了项目经理来进行专门的管理，企业内部也有了一些分散的用户研究小团队，各个小团队开始进行协作，共同完成体验的优化设计。从 BXI 看，企业已经对体验有了一定的认知，因此，用户对部分触点的体验评分较高，但用户体验感知度较高的触点比较分散，且呈点状分布。

在这个阶段，虽然企业开始关注用户体验，倾听用户反馈，但缺乏全面的体验管理体系，所有的用户反馈都比较分散。传统企业对于用户诉求的把握，可能源于客服电话，也可能源于电商评论或点评平台，但仍停留在散点状阶段。

阶段三，有序管理

在体验成熟度的第三阶段，体验已经上升到管理的层面。这一阶段最关键的转变在于，企业将体验放入整个用户体验旅程中进行规划、设计、评估和管理，即在原有的业务视角基础之上，获得了全新的基于用户的体验旅程视角，不断优化业务流程。

在改善和优化用户的体验旅程中，企业能够在诸多的触点和节点上挖掘出更多的潜在用户，并为现有的用户提供更好的体验，从而提升用户留存率和忠诚度。

- 从品牌维度看，企业可以基于用户旅程，对产品与服务、线上线下的环境以及员工的服务行为进行相对完整的梳理和整合，能够在一定程度上形成较为统一的品牌体验。
- 从组织维度看，企业对于体验管理的重视度需要上升至管理层，由总监或副总裁级别主导，产生自上而下的、中心化的用户研究团队，集中规划产品、服务、环境以及员工行为的体验设计，在部门之间产生更多的跨部门协作。
- 从 BXI 维度看，品牌体验指标中的体验感知度和体验整合度都能得到提高。

在这个阶段，体验上升到管理层，有了体验管理的雏形。企业以用户为中心梳理用户体验旅程，优化产品、服务等体验。体验旅程聚焦核心用户，而不只是限于品牌或特定产品。企业关注用户全方位的关键体验点，梳理用户体验旅程，围绕产品体验、沟通体验、环境体验、行为体验去做改进；从用户旅程出发，在现有业务流程中找到痛点问题，对组织结构和人员结构进行优化。

阶段四，有机组织

第四阶段的关键转变在于，企业有了连通商业价值与用户价值的组织架构。体验已经融入组织架构之中，而且成为推动品牌战略的重要部分。在这个阶段，企业可以用整体的品牌体验为用户创造更多价值，提升用户的品牌忠诚度。

- 从品牌维度看，在这个阶段，产品、服务、环境、行为以及品牌的定位，都离不开体验的支持。体验已经成为制定品牌战略的重要驱动因素。
- 从组织维度看，体验已经上升到高管层，体验的负责人可能是首席执行官或首席体验官。企业开始建立卓越体验中心（Center of the Excellence），统一推动体验的转型。同时，体验人员将分散在组织的各个部门，进行跨部门协作。
- 从 BXI 维度看，BXI 指标的三大板块——感知度、整合度和匹配度都将得到显著提升。

在这个阶段，体验融入整个企业，体验成熟度进一步加深。至此，利用用户价值来形成商业价值的组织架构基础已经形成。各项指标也充分融入企业之中，协同性显著提升。基于用户体验形成的品牌战略，也将更好地帮助企业实现可持续增长。

阶段五，形成文化

在最终的成熟阶段，体验会成为一种企业文化，深入每一个人心中。无论是从业绩达标层面还是体验认知层面，所有员工都以为用户创造价值为核心出发点。在这个阶段，体验指标不仅包括前文提及的体验相关关键指标，而且包括与员工相关的关键体验指标。也就是说，用户价值与员工创造的价值，能够在层层转变之后实现连贯统一。员工在工作目标和心理认同上都能够发自内心地为用户创造价值。

这一阶段往往意味着数字化的全面深入：实现用户体验旅程的全面数据化，整合数据中台，与组织管理共振。在组织内部，既要自上而下地拆解体验指标并将其与业务直接挂钩，对接内部系统检测，实现对用户体验的实时监测和数字化呈现，提升员工的数智化体验管理意识；又要自下而上地对用户旅程进行梳理，及时采集体验数据和运营数据，通过埋点数据分析，改善与用户体验密切相关的指标，用体验旅程对核心业务流程进行体验重塑。

无论是蔚来、苹果，还是转型较为成功的招商银行，都将用户体验提高到企业文化价值、愿景层面，贯穿于整个组织架构。

全面体验管理箴言

- 建立一套高成熟度的全面体验管理模型，是全面体验管理的最终目标，但在前期的实施阶段，是不断纠偏、不断优化的升级过程。

- 全面体验管理不单单是对用户体验的全局性洞察，更是对企业内部组织架构的大挑战。如果企业缺乏更长远的商业洞察，就一定要学会充分借鉴行业中头部企业的全面体验管理范例。

- 用户通过体验互动与品牌进行沟通，品牌通过体验数据与用户共创价值，品牌应在体验空间寻找与用户同频的触点，在真实场景创造与用户共振的体验。

第 9 章

TXM 先行者，以体验驱动持续增长

Total eXperience

Management

招商银行，打造体验驱动型组织

品牌视角下的管理模型只能发现问题，
却无法落地可执行的优化策略，
只有从用户视角出发的体验驱动型组织，
才能洞察用户的异常体验，
预测品牌未来的困境与机遇。

以招商银行为代表的传统金融行业，
面临全面体验管理的巨大挑战，
前路道阻且长，行则将至。

数字化的浪潮之中，企业对体验的理解已经向纵深发展，更多企业已经意识到对体验的长期投资必有回报，其中一个通过全面体验管理成功转型并实现增长的案例，就是招商银行。

为什么我们没有以互联网企业作为案例？具有数字化基因的互联网企业，拥有先天优势，如亚马逊、阿里巴巴等。在实现体验驱动的组织管理时，互联网企业的产品和服务本身就依托于数字平台而生，天然与用户建立了直接的联系。因此，在以用户为中心、以体验为导向的组织管理过程中，互联网企业拥有先天优势，不具有广泛的适用性。

很多在传统行业赛道奔跑的企业，如金融业，经历了互联网的冲击、移动端的兴起、用户体验的巨变。随着数字化技术的发展、宏观经济环境的变化，在这些探索如何以体验激活组织、形成全面体验管理道路的企业中，招商银行的案例极具代表性和借鉴意义。

我们在前文中已经提到，招商银行的“风铃”系统可以收集用户的反馈。“风铃”系统是手段和方式，以体验驱动组织发展，是招商银行保持并不断创造优质体验的决定因素。接下来我们通过招商银行 20 余年的体验历程，结合体验成熟度模型，来分析企业应该如何抓住体验创新的契机，完成向体验驱动型组织的转型。我们可以从表 9-1 中看到招商银行受体验驱动而发生的关键实践。

表 9-1 招商银行体验驱动关键实践

成熟度	时间	关键词	实践
客服中心	1999 年	客服中心	设立电话银行中心，国内首个全国大集中式的金融呼叫中心

续表

成熟度	时间	关键词	实践
阶段一： 体验进入管理层视野，点状提升体验	2010 年 3 月	远程银行中心	将网点搬到了线上，打造覆盖电话、网络、可视柜台、App、微博、微信等远程智能化方式的多媒体互动接触体系；远程银行中心可通过电话、语音、网络和视频等方式为用户提供实时、全面、快速和专业的贴心服务
	2010 年	产品及服务体验	在用户体验方面，始终致力于提供愉悦的产品及服务体验
	2011 年	最好的支付体验	以做中国最好的支付体验提供商、中国最好的消费金融专家、中国领先的多元化营销平台为发展愿景
阶段二： 管理层明确提出“以用户为中心”，分散的用户体验专员进入不同组织部门	2014 年	以用户为中心	提出“以用户为中心”
	2015 年		在提升用户体验方面，从网络化、移动化、场景化等维度，积极拓宽创新路径，推出了“可视柜台”“刷脸取款”等新型方式
	2016 年		力争融合体验与科技，通过强化产品和业务创新关注用户需求、用户体验和用户价值
	2017 年		用“一卡通”取代存折，率先实现联网通兑，创新财富管理模式，实现两次关键飞跃，奠定了零售业务的扎实根基
阶段三： 以用户旅程为基础，建立用户体验闭环监测系统及指标体系	2018 年	以提升用户体验为主线，布局用户体验监测体系和反馈机制	通过两大零售 App，建立可量化的用户体验监测体系和严格的反馈机制。开发并上线境内及境外舆情监测管理系统，实现了 7×24 小时全网舆情监测及实时动态数据分析。进行分级用户旅程排序和梳理，规划全行零售用户体验监测体系建设蓝图
阶段四： 明确用户体验管理的目标和战略	2019 年	践行最佳用户体验战略，“风铃”系统 1.0 版本上线	重构零售用户体验监测体系，“风铃”系统 1.0 版本上线运行，对接行内系统 20 个，监测客户体验指标 923 个，实现对零售用户体验的实时监测和数字化呈现，初步构建零售用户的体验风向标和服务升级引擎

续表

成熟度	时间	关键词	实践
	2020 年	用户体验管理从“响应式”向“主动式”加速转变	搭建用户体验智能化监测系统，用户体验管理从“响应式”向“主动式”加速转变。零售用户体验监测系统——“风铃”系统对接行内系统提升至 27 个，监测用户体验指标 1367 个，主动对用户体验进行管理，推动用户服务体验不断升级

萌芽期，“以用户为中心”应对金融业大转折

银行业经历的技术变革和宏观政策变化是巨大的。过去 20 年，传统银行业经历了四大阶段：电子银行、网上银行、移动银行和如今的数智化银行。在每个阶段，招商银行都非常迅速地把握住科技的变化，进行产品服务和组织的升级。无论是面对互联网金融元年的“山雨欲来风满楼”，还是在资产管理新规之下，面对各类金融机构的“百舸争流”，招商银行一直不变的就是“以用户为中心”，也就是其提出的“因您而变”。

招商银行能够成为股份制银行中的佼佼者，就是因为在每个阶段都将“以用户为中心”落到了实处。这不仅是口号，而且体现在招商银行对于金融产品和服务一以贯之的视角和创新的引领上。在电子银行阶段，当大多数人还是手持存折在银行办理业务时，招商银行率先在 1995 年推出“一卡通”，该“一卡通”可以在全国招商银行内通存通取，并具备了转账、汇兑、理财甚至小额贷款等多方面的功能。在网上银

行阶段，招商银行推出“一网通”，站在用户视角下，打通 PC 端、移动端等的支付和理财功能。招商银行在 2010 年建立网络经营服务中心，整合了移动端、网银端、零售端的客服服务，通过手机银行、人工客服和智能客服等服务触点收集用户反馈意见，保证感知用户体验的时效性和全面性。

无论是“一卡通”还是“一网通”，抑或是如今的“M+”会员体系，事实上都是招商银行从用户体验旅程的视角，实现全生命周期管理的实践。这样，招商银行便形成了贯穿泛金融场景和生活场景，打通资产账户和信贷账户的“大财富”战略。

正因为“以用户为中心”的文化深植于招商银行之中，其才会对用户体验更加重视，才有了对全面体验管理的坚定实践。正如招商银行行长田惠宇所说：“我们坚信，财务数据是服务用户的自然结果，用户体验才是根本性、决定性因素 。”

发展期，移动端大变革，体验创新契机

互联网对于金融行业的冲击巨大。新终端、新技术、新场景创造了完全不同的新模式。招商银行积极地采取了应对策略，并对组织架构进行了调整。2015 年，招商银行明确“移动优先”策略，全面转向“App 时代”。为了响应战略变化，招商银行内部融合业务与 IT 部门，成立了

手机银行项目组。这个项目组围绕 App 的各项职能，对标互联网公司，组建了初步的组织架构。

通过以敏捷开发带动组织转型，招商银行在商业银行中率先实现转型。招商银行在向互联网公司转型的过程中，快速响应用户，其采用的模式是产品经理负责制。首席产品经理全权负责整个手机银行 App 的最终设计、交付，包括用户体验板块；打通全流程，以促进产品设计和体验运营团队的交流协作。

2014 年，招商银行明确提出“以用户为中心”，用户体验团队进入不同部门进行协作，印证了招商银行进入体验成熟度第二阶段：开始投资于体验建设。

2018 年，招行确定资产管理量为手机银行北极星指标。在零售和批发业务中，招商银行均以用户综合收益贡献替代传统的存贷款指标进行考核。招商银行增加适用于移动场景的经营指标，以新型考核指标引导公司为用户创造价值，实现长远发展。

成熟期，拉通用户体验旅程，“风铃”系统上线

2017 年开始，招商银行基于用户视角，打破部门壁垒，对各项零售业务进行用户体验旅程梳理，进行指标体系的构建；明确用户体验要

素及全面体验管理需求、系统功能规划等，实现对“全客群、全产品、全渠道”的“零售 3.0”体系的全面覆盖。

招商银行对各项零售业务进行用户体验旅程梳理，规划全行零售用户体验监测体系的蓝图。这个过程大约持续了 3 年，“风铃”系统于 2019 年上线。这也标志着招商银行进入了成熟度的第三阶段和第四阶段：基于用户体验旅程进行全面体验的监测和规划。

招商银行 2019 年年度财务报告显示，“风铃”系统 1.0 版本对接行内系统 20 个，监测用户体验指标 923 个，实现对零售用户体验的实时监测和数字化呈现，初步构建零售用户的体验风向标和服务升级引擎。招商银行采用“端到端用户旅程方法论”，对核心业务流程进行体验重塑，提升效率及用户满意度。

招商银行 2020 年年度财务报告显示，“风铃”系统在内部打通行内系统 27 个，监测用户体验指标达到 1367 个，集中 3 万多埋点数据，主动对用户体验进行管理，推动用户服务体验不断升级，把用户体验做到精细量化。这是银行业主动式数字化体验管理对传统服务的重大创新，上线后收获的成效非常显著。李静瑕在《8 万亿招行“看不见的护城河”》中写到：2020 年 1 月到 8 月，“风铃”系统共收到调研结果 238 万份。“‘风铃’系统实现了对用户声音的及时感知，是用户体验的巨大提升。”

招商银行行长田惠宇说。

招商银行在第三阶段和第四阶段，用了 3 年的时间，实现了体验与业务、用户价值与商业价值的打通。

- 构建了零售用户体验衡量模型，打通体验旅程与业务部门逻辑的转化。基于各层级、各部门对用户体验监测、分析、管理的需求场景，零售用户体验衡量模型既能契合招商银行业务逻辑、满足招商银行总分支行各部门的用户体验管理需求，又能实际捕捉、反映招商银行用户的实际旅程场景及其需求痛点。
- 建立了招商银行零售用户体验综合评价体系，实现了用户价值与组织人员的打通。招商银行通过整合用户评价数据、疑难投诉数据、行为埋点数据、业务运营数据，借助金融科技手段对零售用户体验进行系统、主动、实时的调研、监测、干预和追踪。

招商银行曾经做过体验指标与经营指标的关联性分析，结论是：净推荐值每提升 10 分，用户账户的平均存储金额就增加 1 万元。当然，这是基于强大的分析模型得出的关联分析结果。

“风铃”系统为招商银行零售用户体验管理提供了管理、考核和运营的抓手。“风铃”系统以体验数据赋能精准服务与精细化用户经营，并以数据驱动构建了“低分触发—专项整改—旅程重塑”的用户体验系统运营机制，推动全行打造体验优化闭环，进行服务动态调优，推进用户体验模式从传统的“被动响应式”向“主动赋能式”转化，极大地提升了招商银行的零售用户体验。

未来，整合数字中台，走向全面体验管理

在“风铃”系统 1.0 的基础上，招商银行的体验管理正在走向横向和纵向的扩张和升级。在横向上，招商银行在业务场景、不同用户层级、用户类别上进行扩张；在纵向上，招商银行打通数据类别，形成数据中台的全面体验管理。

横向扩张，不同业务场景、用户层级及类别

首先，对于私人银行、高端用户服务网络体系中的指标，“风铃”系统可以提供体验数据，为数字化赋能。

“风铃”系统可以对招商银行 App“私人银行专区”在内的高端用户服务网络体系中 1300 多个指标进行体验监测，推动用户服务体验不

断升级；运用金融科技，在用户需求精准识别、客户经理专业能力提升、专业金融服务方案提供、内部运营流程优化等方面加速私人银行业务的数字化进程。

其次，在对公业务中，体验管理可以帮助诊断关键用户旅程。招商银行在全国建立了多家线下对公用户金融科技体验中心，为用户提供 38 个对公产品线上操作体验环境，不断打通线上线下审批、风险、合规、运营流程，提升对公业务的办理体验。

纵向打通数据类别，形成数据中台，与金融科技全面共振

全面体验管理系统并不是独立于其他的数据管理系统存在的。无论是会员关系系统、客户关系管理系统或组织管理系统，都可以与全面体验管理系统进行整合协同。因为全面体验管理以用户为中心，将所有数据的用户价值和商业价值串联起来，更能产生共振。比如，体验数据与运营数据的结合、用户标签与体验旅程的结合，能够让企业形成更深度的洞察（见图 9-1）。

体验驱动与企业数字化往往同步推进。企业应该从用户出发采集全触点的体验数据。全面体验管理之路还在持续延伸。用户体验数字化、可视化、可操作化，能让企业更高效、精准、全面、及时地了解、提升、转化用户的价值感知。

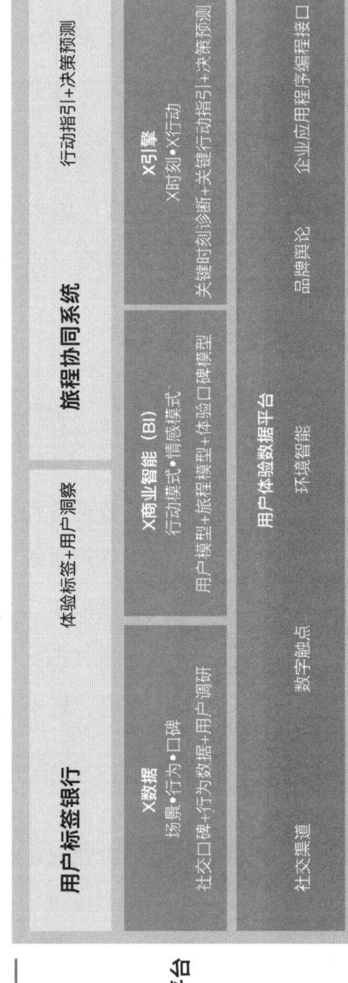

图 9-1　用户标签银行与旅程协同系统的结合

蔚来，用户企业的诞生

组织变革为企业提供内在驱动力，

用户口碑为企业验证全面体验管理的真正价值。

蔚来将车主的驾驶体验量化，

从车主角度洞察用户的根本需求，

利用全面体验管理，实现汽车领域的弯道超车。

前文分别介绍了全面体验管理的历程和不同成熟度的阶段，并详细分析了招商银行的案例。企业从点到线，再到面，最终形成了一个立体的组织管理形态，能够直接将用户价值落位到管理架构之上；在整合的数据中台中从被动响应走向主动优化，进一步推动预测式的创新。

再次来看图 8-2 就更能理解，用户的价值是如何与商业价值达到共振的。用户可感知的价值如何才能转化为商业价值和商业利润呢？答案就是，利用品牌的体验进行连接，形成一个价值传导的链条。

企业需要创造品牌，提供差异化的、不可取代的体验，这样才能为用户创造新价值。企业需要在这个过程当中持续运营与用户的关系，挖掘用户的需求，共创价值，从而不断优化产品和服务，形成新的商业价值。人、体验、品牌、商业这四个价值创造的主体，包含了价值创造最关键的五个战略地图：用户价值图、体验旅程图、品牌定位图、组织架构图、业务演进图。这五个战略地图也是企业战略制定最为重要的几个环节。在传统企业中，除了体验旅程图，其他四张地图在企业“一把手”的心中是最为清晰的。

企业要迈入新的体验经济阶段的关键点，就在于对用户体验旅程的理解和融入。企业应该将用户视角、体验旅程嵌入整个商业创造价值的过程当中，一步一步地走向全面体验管理。在一些行业变革的时间点上，往往存在体验创新的机会，如新能源汽车。技术改革的窗口期给予了企业家新的机会，从 0 到 1，创建体验驱动的企业。本章将着重分析蔚来在组织管理上与传统企业的差别。

初心，用户企业，道路曲折，前途光明

蔚来成立之前，李斌考虑过直接把企业命名为“用户公司（User Enterprise）”，可见其充分意识到企业管理模式演变的必要性（见图 9-2）：移动互联网时代，用户成为品牌的共创者；用户全旅程的体验创新，成为企业的核心竞争力。

回望蔚来的发展历程，2019 年是蔚来的“死亡之谷”。2019 年一季度财务报表显示，蔚来的净亏损高达 26.520 亿元（3.952 亿美元），同比骤减 32.8%。这份财务报表的出现，引发了资本市场的“地震”，股价从上市时的十几美元骤降至 1.5 美元，缩水近 90%。这对于处于初期

创业阶段的新能源汽车企业来说，无疑是致命的打击。

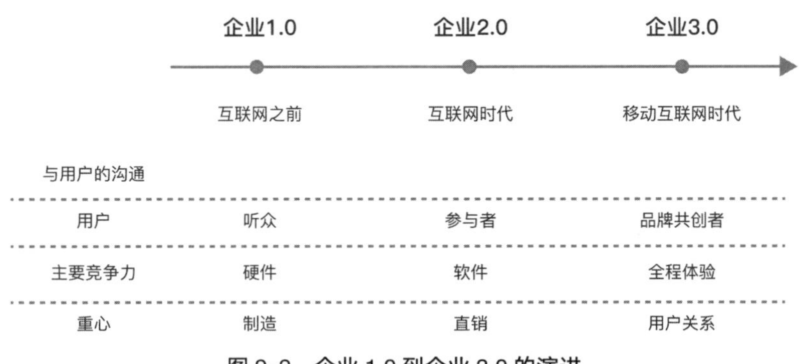

图 9-2　企业 1.0 到企业 3.0 的演进

一夜之间，蔚来就面临资金链紧张的危机，8000 多位车主冒着没有售后服务的风险毅然提车，蔚来才获得了足够的资金扭转局面。蔚来 2019 年财务报表显示，其销量从 2019 年 7 月的 837 辆绝地反弹，在 12 月达到了 3179 辆，一年内股价上涨近 10 倍。李斌从“2019 年最惨的人”一跃成为“2020 年最爽的人”。

很多人认为出现这样的“V 形”逆转的原因是：蔚来做了改变，但事实上，蔚来并没有改变过自己的初衷。蔚来内部成员给出的回答一致且坚定：“其实我们内部的方向从来没变过。事实上，蔚来自成立以来，所做的事从来没有变过。”蔚来车主的信任与坚定支持是其穿越周期的护城河。也就是说，蔚来的“以用户为中心”不仅被粉丝和用户们感知到了，且得到了高于预期的回报。

那么，蔚来的“用户基因”，体现在哪些地方？

组织，与技术业务平行的用户发展部

在组织中，用户不能缺席。蔚来设置了与用户运营相关的一级部门——用户发展部门，与产品、技术、财务等传统组织部门平行。用户发展部在公司的定位就是用户的代言人。招商银行也有类似的部门，这一部门在组织内部作为用户的代理人，与业务部门对话。我们通过匹配体验成熟度模型发现，蔚来已经出现了为用户代言的部门，虽然蔚来没有用“体验”这个词，但是该部门围绕用户而生，从而形成了高管层对体验自上而下的重视和管理。

蔚来的用户发展部以用户满意度为考核指标，主要工作是制定和维护用户关系的规则并验收结果。用户发展部的存在也使蔚来形成了一大品牌壁垒，使用户在蔚来的社区里共同形成了一套价值观体系，并形成了差异化的用户关系和社交圈子。比如，蔚来构建的社区 App，不仅针对汽车领域的车主和蔚来员工，而且针对多种其他周边产品，将目标朝向陌生人、蔚来粉丝以及意向用户三个目标群体，并实现逐步转化。其最大壁垒在于“用户在这个社区里共同形成一套价值观体系”。

虽然当下蔚来为了商业机密未披露内部组织架构，但从创始人李斌的关注点来看，接触用户始终是关键：无论在线上还是在线下，建立与车主的直接联系，深度理解和服务于用户，是蔚来与其他汽车品牌的本质区别。

产品与服务，直营 + 换电 + 社区 + 信托

围绕核心人群提供产品与服务，蔚来都做了哪些事情？盘点蔚来发展的进程，我们将它主攻的用户体验痛点概括为四点：直销、换电、社区、信托。

直营模式，产品价格透明化

在传统汽车行业中，车企、4S 店、用户这个结构十分稳固，用户并不会与车企直接发生关系，因而话语权掌握在车企手中，用户只能做被动选择。蔚来看到了这个弊端，选择了直营模式，成为国内第一个取消 4S 店经销权的汽车品牌。蔚来与用户的互动触点主要有蔚来中心（NIO House）、蔚来空间（NIO Space）和蔚来服务中心（NIO Service Center），分别负责品牌力的展示、连接用户指引下单、交付维修保养。

蔚来的涟漪模型是一个以用户为中心的传播模型（见图 9-3），通过对用户体验的持续优化，不断强化用户对品牌的认知，从而带动品牌口碑在用户群里的圈层扩散，最终实现与用户共创。去中心化的蔚来运营将用户作为品牌战略的触发点，主动将品牌视角切换为用户视角，重

视用户体验，尊重用户需求，满足用户服务，最终赢得了用户。

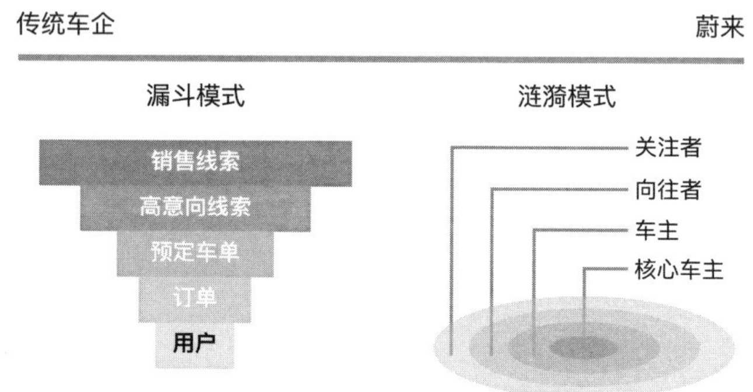

图 9-3　蔚来汽车用户运营策略：涟漪模型

在传统汽车销售渠道下，价格不透明，当人们去 4S 店订车，往往需要货比三家，经历一轮一轮的议价。蔚来注意到了这一点，采用直营模式，且价格透明。蔚来的服务顾问（Fellow）通过专业优质的服务留住用户，而不是在价格上反复与用户周旋。这样的模式更容易获得用户的信赖，交易不再是最终目标。蔚来中心将品牌格调、产品向用户传递，真正用品牌力触达用户，无论用户是否即刻下单，都更可能成为蔚来的拥护者。

换电承诺，一站式便捷服务

在创立之初，李斌就洞察到“换电”是新能源汽车的巨大痛点。里程焦虑始终围绕新能源汽车，电池的续航、升级、充电、衰减、贬值等一系列问题，都是车主最为顾虑的问题。应对这一系列问题，蔚来采取车电分离策略，推出包含充电、换电、电池即服务（BaaS）、电池梯次利用服务的蔚来能源（NIO Power）。如果用户租赁电池，可以在电池升级之后选择更换，不必承担电池衰减带来的损失。事实上，换电成本远高于充电成本，且需要在各地大量铺设充电桩，难以实现商业盈利。蔚来的换电模式，与其说是快充的替代，不如说它是企业级的服务。蔚来深耕目前市场的短板领域，提供售前、售中、售后的一站式服务，避免维修、保养洗车等服务的缺失而耗费用户大量精力。

蔚来 2020 年财务报表显示，8 月发布电池即服务以来，新增用户中 35% 为电池即服务用户，新增了电池即服务的蔚来能源从补能体系、用户服务两大维度提供了惊喜的用户体验。

社区触达，线上线下用户共创

除了产品和服务，蔚来还在沟通和环境体验上发力。为了更好地传播品牌、与用户互动，蔚来在一二线城市的核心地段建设了大量线下蔚来中心、蔚来空间，构成与用户接触的线下触点，通过蔚来日（NIO Day）等用户活动为车主提供生活化的社交场景新体验。

蔚来的活动聚焦城市新中产群体，通过活动传递精英生活方式，吸引车主类聚，建立文化共识，精准触达用户，如线下的“蔚北少年足球菁英营”“seeds 系统行业大咖讲座”和线上的蔚来电台（NIO Radio）等活动。

另一重要的用户触达抓手即注册用户超 100 万、最高日活达 20 万的蔚来 App。它是蔚来线上用户共创、社区建设的重要入口，能够引导蔚来用户在社区分享动态、对产品和服务提出建议，与公司高管直接互动。用蔚来值体系记录用户在社区中的成长历程，以这种方式构建粉丝经济，实现用户价值的可持续互动（见图 9-4）。

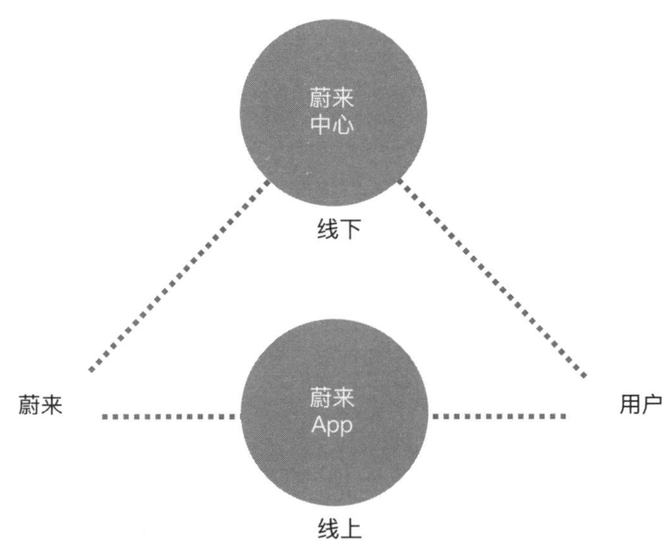

图 9-4 蔚来汽车线上线下用户运营示意图

用户信托，用户自主运营的财富

为贯穿“以用户为中心”的理念，2019 年 1 月，李斌将个人所属的 1/3 股份转入信托，成立蔚来用户信托基金，并将其收益交由蔚来用户管理和支配，社区用户可以直接参与收益分配的讨论。该基金主要用于公益、环保、运维以及“社区认为有必要开展”这四个方面。蔚来用户信托 2020 年度财务简报显示，在 2020 年新冠肺炎疫情期间，信托基金主要用于家庭关怀、抗疫医护关怀、车主防疫包等，总支出达 466 万元。

产品革新，2 万用户调研改进体验

2021 年 4 月，蔚来的用户体验点有了新的内容。对于过去存在已久的汽车座椅舒适度问题，蔚来发起了面向所有车主的线上调研，共计回收 29304 份有效问卷。调研结果显示，大部分用户对座椅的舒适程度保持接受态度，但有 13% 的 ES8 用户、21% 的 ES6 用户以及 19% 的 EC6 用户传达出舒适度提升诉求。

即使是小部分用户的诉求，蔚来也表现出高度重视，分别在 2021 年 5 月和 7 月组织了线上和线下的改进方案沟通会。随后，蔚来开展了系统性的数据分析、方案设计和用户测评，推出个性化方案，用户可以在安全范围内自选座椅软硬度、头枕位置，最终参与测评的用户中 80% 认为方案能够提升座椅的舒适性体验。蔚来内部还专门设立了座椅研发部门，提升蔚来座椅整体舒适度，并为个性化需求用户提供进一步的服务。蔚来的一系列产品服务优化举措都是针对用户痛点，改善产品与服务带来的体验，实现持续的创新。

人员绩效，与用户旅程挂钩

随着用户群体的壮大，初期逐个击破痛点的体验提升方式难以满足增长期的需求。随着体验触点急剧增加，蔚来需要更高效、深入的方式来管理体验反馈，用户旅程重塑体验成为必然趋势。

蔚来独创服务顾问专员全程跟进用户旅程，采取专员奖金与用户满意度直接挂钩的方式，从内部管理用户旅程。蔚来用户的专属群，包括服务顾问专员、交付员、充电加电专员、维修专员、经理、城市主管等售前、售中、售后的所有人员。一旦车主需要帮助，专属群全天候 24 小时在线，会迅速反馈并协助车主解决问题。比如，广为流传的蔚来车主专享售后体验：当一个蔚来车主在旅途中发生了剐蹭事故，最先联系的不是保险公司而是蔚来专员，当工作人员接到车主反馈，专属群迅速响应并协助解决问题。

用户旅程与人员绩效相关，对解决用户快速增长与服务紧缺之间的矛盾问题有所助益。“用户服务”让蔚来圈粉无数的同时，带来了沉重的财务负担。随着用户数量迅速增长，蔚来面临如何取舍服务资源投入的巨大挑战。蔚来的联合创始人秦力洪曾坦言，这在公司内部属于高优先级课题。为了解决这一问题，蔚来进行了一系列尝试，例如提升服务体系运作效率。如何实现可持续，寻找用户服务与效率之间的平衡点，是未来每个品牌都将面对的问题。

全面体验与全面数字化

蔚来还打通了车和车之外的从线上到线下的完整的数字化体验。不同于传统企业的艰难转型，数字化从蔚来诞生起就根植于价值链的每一环节，值得包括汽车行业在内的各领域借鉴。数字化的思维应用于用户服务，不仅创造出广泛而全面的触点，而且形成了完善的体系。

为了深度链接线上与线下的体验、走进用户，蔚来构建了自动辅助驾驶（NIO Pilot）、语音交互小黑球（NIO NOMI）和手机触点（蔚来 App）。NOMI 车载智能语音助手让汽车成为有生命、有情感的伙伴，小黑球可以给车主情感支持与陪伴，而不是单纯的工具。蔚来创造了全新的人车交互模式。

如图 9-5 所示，在蔚来的服务模型中，用户始终是产品与服务的出发点。蔚来通过对用户触点的规划来延伸不同路径上的用户服务，从而设计出以用户体验驱动的服务模式。比如，在线下空间中，蔚来通过开展活动或 App 内社群运营来触达用户，从用户在社群的体验反馈来挖掘用户需求点，延伸设计出更贴合用户使用习惯的维保服务或补能服务。

在车辆设计方面，蔚来通过空中固件升级（Firmware Over-The-Air，FOTA）持续更新车载智能操作系统 NIO OS。2021 年 9 月，NIO OS 3.0 做出新调整，提升了 NOMI 的识别能力和唤醒成功率，支持联系对话。

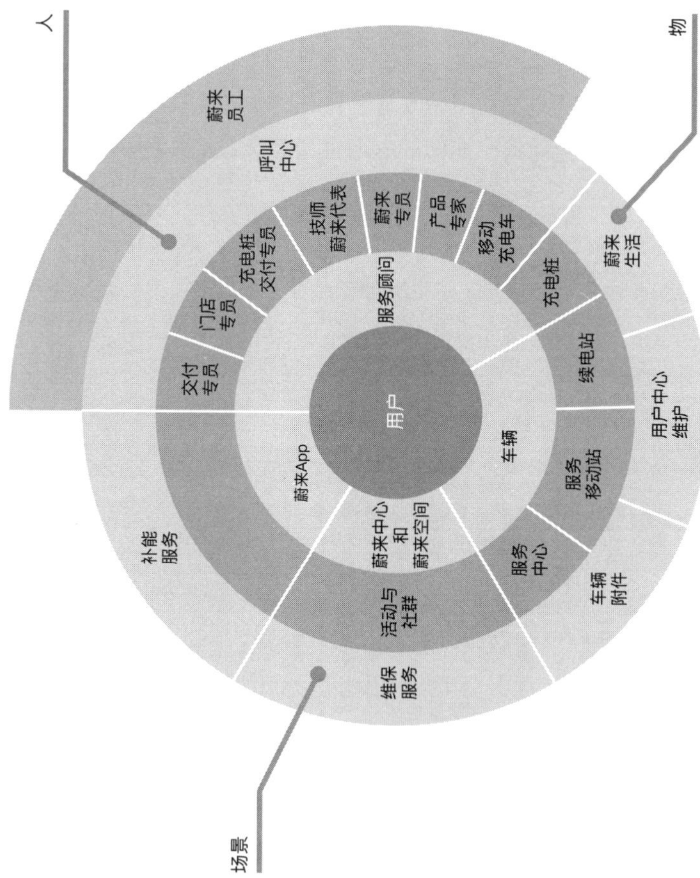

图 9-5　蔚来汽车以用户为中心的体验闭环

同时，蔚来针对用户体验旅程集中反馈的冰点时刻，对自动辅助驾驶进行功能优化，新增驾驶员紧急辅助（EDA），在脱手提醒方面增加了声音、视觉提醒的强度，加入了点刹，使驾驶安全性得到大幅提升。

蔚来 App 作为智能网联车控载体，让车主可以体验一站式用车服务，配合用户积分体系连接用户生命全周期，量化购车前、购车中、购车后一系列环节的活动与行为，产生的奖励积分既能在线上商城购买商品，又能在线下的蔚来中心兑换服务。线上线下的多场景拓展，能够持续刺激用户完成任务，在蔚来体系中得到更高的价值认同，这一切都得益于数字化思维和工具。

数字化深入蔚来基因，以全触点直面人群，用最懂用户的方式来建立关系、满足需求、创造价值。李斌曾说："重新定义用户体验，就能变革商业模式，就能重新定义一个行业。"我们已经看到，越来越多的消费、零售、汽车、地产、物业等行业的头部企业，越来越多地转向用户，创新体验，带动巨大的变革。

未来已来，入局体验最好的时机，要么是在 10 年前，要么就在当下。

全面体验管理箴言

- 用户可感知的价值如何才能转化为商业价值和商业利润呢？答案就是，利用品牌的体验进行连接，形成一个价值传导的链条。

- 企业要迈入新的体验经济阶段的关键点，就在于对用户体验旅程的理解和融入。企业应该将用户视角、体验旅程嵌入整个商业创造价值的过程当中，一步一步地走向全面体验管理。

- 企业要从点到线，再到面，最终形成一个立体的组织管理形态，直接将用户价值落实在管理架构之上；在整合的数据中台内，从被动响应走向主动优化，进一步推动预测式的创新。

致谢

本书在几位唐硕咨询合伙人和中国多位品牌及创新管理先锋人物的鼎力支持下完成。

感谢本书的另外两位作者，唐硕咨询联合创始人兼联席 CEO 黄胜山和唐硕咨询资深合伙人兼唐硕体验云董事总经理苏志国。每每回想起兄弟们挑灯夜战的日子都万分感慨，云程发轫，体验可期。

感谢袁梦瑶对第二部分第 6 章及第 7 章内容的贡献，杨志永对第二部分第 5 章内容的贡献，两位的专业输出令本书内容扎实而丰富。感谢闫璐带领团队与我们共同打磨此书，团队成员包括肖彤、严煦、俞泽铭，每一位都专注而精益。感谢訾朦霄和庞若珊，面对新冠肺炎疫情等意外，积极适变地推动项目。感谢冯曦寒的中肯建议与良多贡献。

感谢招商银行一如既往的肯定与支持，在与招商银行的 10 年合作中，我一直被其“因您而变”的用户体验管理理念所打动。在体验管理上的执着投入，让招商银行通过手机银行、风铃系统等一次又一次地创造行业标杆级用户体验。感谢美的邀请我作为绿色与低碳实验室学术委员会委员，我们双方一直在以用户为中心的全面体验管理和产品、服务创新等方面展开全方位合作，建立了深度互信的战略级关系。

感谢五芳斋、固生堂、安利的信任，它们通过体验驱动的管理升级，不断迭代，焕然新生，更新了万千用户的体验。感谢星巴克、钟薛高、梦百合，这些品牌让我看到了行业头部企业的魄力与洞见，大家都在不断突破体验的价值上限，让用户切实地获益。感谢上海市大数据中心、中信银行、建设银行、百联金融、心动游戏、海尔、蔚来、长安、威马与北汽极狐 ARCFOX，我们深感国产创新品牌对用户体验的热忱、重视、投入。大家的产品与服务异彩纷呈，且在不断变得更好。

我一直坚定地相信，全面体验管理是一个与品牌共同成长、共创双赢的长期合作过程，能够与行业领袖共同打造全面体验管理的新商业，我深感骄傲。

感谢湛庐的编辑团队。与湛庐的交流共创令人愉悦，诸位编辑的专业意见与专注投入是本书能够最终面世的助推剂，本书的内容也在编辑团队的建议下逐渐完善。

感谢这个体验管理的新时代。每一个时代的弄潮儿，所能得到的心得与智慧皆是时代的馈赠，我是全面体验管理坚定不移的维护者，唐硕也是全面体验管理坚定不移的践行者,“我们”诞生于体验，成就于管理。我们要做商业市场的进阶之石，奠基品牌的未来腾飞之路。我们满怀对体验的热忱，拥抱各大品牌，同时我们希望能做全面体验管理行业的火炬手，点燃全面体验管理的理念之火，赋能品牌。我们殷切地希望每一个品牌都能走出自己独特的体验之路。

最后，也感谢读到这本书的你，希望本书能使你绕开弯路，在你的心中埋下全面体验管理的种子，为你今后的生活与工作带来一个新角度。

2022 年 6 月

扫码添加读者群小助理，
邀您入群交流全面体验管理，
还有机会与作者开展深入探讨。

未来，属于终身学习者

我这辈子遇到的聪明人（来自各行各业的聪明人）没有不每天阅读的——没有，一个都没有。巴菲特读书之多，我读书之多，可能会让你感到吃惊。孩子们都笑话我。他们觉得我是一本长了两条腿的书。

——查理·芒格

互联网改变了信息连接的方式；指数型技术在迅速颠覆着现有的商业世界；人工智能已经开始抢占人类的工作岗位……

未来，到底需要什么样的人才？

改变命运唯一的策略是你要变成终身学习者。未来世界将不再需要单一的技能型人才，而是需要具备完善的知识结构、极强逻辑思考力和高感知力的复合型人才。优秀的人往往通过阅读建立足够强大的抽象思维能力，获得异于众人的思考和整合能力。未来，将属于终身学习者！而阅读必定和终身学习形影不离。

很多人读书，追求的是干货，寻求的是立刻行之有效的解决方案。其实这是一种留在舒适区的阅读方法。在这个充满不确定性的年代，答案不会简单地出现在书里，因为生活根本就没有标准确切的答案，你也不能期望过去的经验能解决未来的问题。

而真正的阅读，应该在书中与智者同行思考，借他们的视角看到世界的多元性，提出比答案更重要的好问题，在不确定的时代中领先起跑。

湛庐阅读 App：与最聪明的人共同进化

有人常常把成本支出的焦点放在书价上，把读完一本书当作阅读的终结。其实不然。

时间是读者付出的最大阅读成本

怎么读是读者面临的最大阅读障碍

“读书破万卷”不仅仅在“万”，更重要的是在“破”！

现在，我们构建了全新的“湛庐阅读”App。它将成为你“破万卷”的新居所。在这里：

- 不用考虑读什么，你可以便捷找到纸书、电子书、有声书和各种声音产品；
- 你可以学会怎么读，你将发现集泛读、通读、精读于一体的阅读解决方案；
- 你会与作者、译者、专家、推荐人和阅读教练相遇，他们是优质思想的发源地；
- 你会与优秀的读者和终身学习者为伍，他们对阅读和学习有着持久的热情和源源不绝的内驱力。

CHEERS

本书阅读资料包

给你便捷、高效、全面的阅读体验

本书参考资料

湛庐独家策划

- 参考文献
  为了环保、节约纸张，部分图书的参考文献以电子版方式提供
- 主题书单
  编辑精心推荐的延伸阅读书单，助你开启主题式阅读
- 图片资料
  提供部分图片的高清彩色原版大图，方便保存和分享

相关阅读服务

终身学习者必备

- 电子书
  便捷、高效，方便检索，易于携带，随时更新
- 有声书
  保护视力，随时随地，有温度、有情感地听本书
- 精读班
  2~4周，最懂这本书的人带你读完、读懂、读透这本好书
- 课　程
  课程权威专家给你开书单，带你快速浏览一个领域的知识概貌
- 讲　书
  30分钟，大咖给你讲本书，让你挑书不费劲

湛庐编辑为你独家呈现
助你更好获得书里和书外的思想和智慧，请扫码查收！

（阅读资料包的内容因书而异，最终以湛庐阅读App页面为准）

图书在版编目（CIP）数据

全面体验管理 TXM / 黄峰，黄胜山，苏志国著. --北京：中国财政经济出版社，2022.6
ISBN 978-7-5223-1429-7

Ⅰ. ①全… Ⅱ. ①黄… ②黄… ③苏… Ⅲ. ①企业管理—品牌战略—研究 Ⅳ. ①F272.3

中国版本图书馆 CIP 数据核字（2022）第 081300 号

责任编辑：贾延平　　责任校对：胡永立
封面设计：张志浩　　责任印制：张 健

全面体验管理 TXM
QUANMIAN TIYAN GUANLI TXM

中国财政经济出版社 出版
URL：http://www.cfeph.cn
E-mail:cfeph@cfemg.cn

社址：北京市海淀区阜成路甲 28 号　邮政编码：100142
营销中心电话：010-88191522
天猫网店：中国财政经济出版社旗舰店
网址：https：//zgczjjcbs.tmall.com
唐山富达印务有限公司印装　各地新华书店经销
成品尺寸：147mm×210mm　32 开　10.375 印张　231 000 字
2022 年 6 月第 1 版　2022 年 6 月河北第 1 次印刷
定价：79.90 元
ISBN 978-7-5223-1429-7
（图书出现印装问题，本社负责调换，电话：010-88190548）
本社图书质量投诉电话：010-88190744
打击盗版举报热线：010-88191661　QQ：2242791300